NHK趣味の園芸——よくわかる栽培12か月

多肉植物

長田 研

目次

- 多肉植物とは ... 4
- 多肉植物の生育型 ... 5

ようこそ、多肉植物の世界へ 9

- 冬型種の多肉植物 ... 29
- 春秋型種の多肉植物 ... 22
- 夏型種の多肉植物 ... 10

12か月の管理と作業 33

- 多肉植物の栽培を始める前に ... 34
- 多肉植物の年間の管理・作業暦 ... 38
- 植え替えのポイント ... 41
- 植え替え（単幹タイプ） ... 42
- 植え替え（群生するタイプ） ... 43
- 株分け（群生するタイプ）／
- 株分け（地下茎でふえるタイプ）／
- 株分け（綴化したタイプ） ... 44

- 株分け（ランナーでふえるタイプ） ... 46
- 切り戻し ... 47
- 切り戻しが必要な株 ... 48
- さし木 ... 49
- さし穂の乾かし方／根ざし ... 50
- 花茎ざし ... 51
- 葉ざし ... 52
- 葉ざし後の状態 ... 53
- 根腐れを起こした株の再生 ... 54
- 芯止め／芯割り ... 55
- 寄せ植えのつくり方／
- 寄せ植えの仕立て直し ... 56
- 1月 ... 57
- 2月 ... 61
- 3月 ... 67
- 4月 ... 71
- 5月 ... 76

微細なタネのとり方、まき方	81
6月	82
7月	88
8月	92
9月	97
10月	102
コノフィツムの古皮取り	106
メセン類のタネのとり方	107
11月	109
12月	113

これであなたも失敗しない … 117

入手前後の注意点	118
用土を上手に使い分けよう	119
多肉植物の耐寒性	120
寒冷地での生育サイクル	121
気をつけたい病気と害虫	122

Column

「園芸名」ってなに?	66
特殊な発展を続ける玉扇、万象	75
さらに珍奇な「綴化」を楽しむ	87
太らせて楽しむコーデックス	96
庭植えで楽しむ多肉植物	108

主な多肉植物の管理のポイント … 124

夏型種の鉄甲丸（ユーフォルビア・ブプレウリフォリア *Euphorbia bupleurifolia*）。

多肉植物とは

始まりはサボテンのおまけ?

一風変わった株姿や、鮮やかな色合いが目を引く多肉植物。水分を蓄えて乾燥した環境で生き延びるため、根や茎、葉などを肉厚に発達させた植物全般を指します。非常に種類が多く、寒帯を除く世界各地に数千種以上あるといわれています。

日本では1950年代以降のサボテンブームにともなって、本格的に導入されるようになり、同じ環境で栽培できる植物として、サボテン愛好家が多肉植物を楽しんできました。その後、徐々に多肉植物の人気が高まり、1980年代以降は愛好家だけでなく園芸初心者にも広く親しまれるようになっています。

これだけ多肉植物が広く普及していても、多様な魅力が十分に理解されているとはいえません。手間がかからない、鉢が小さく場所をとらないなど、無理なく栽培できる要素をたくさん備えています。

上手に育てて、多肉植物のある暮らしを長く楽しんでください。

春秋型種の黄金花月（*Crassula ovata* cv.）。

多肉植物の生育型

●3つの生育型に分けて管理

ほとんどの多肉植物は温度と日長で、生育する時期が決まります。このため、日本で生育する季節（環境を整えやすい季節）によって、夏型種、春秋型種、冬型種の3種類に分けることができ、それぞれ栽培管理が異なります。

夏型種

生育適温は20〜30℃で、日本では夏に生育し、冬は休眠・生育停止します。春と秋は生育緩慢です。多くの種類は強い光を好みます。アデニウム、アロエ、カランコエ、サンセベリア、パキポディウム、ユーフォルビアなどのように、暑ければ暑いほど生育がよい種類もありますが、暑すぎるのを嫌う種類もあります。

多肉植物の栽培が広まり始めた1950〜1970年代から普及し、サボテンの魅力に通

夏型種のユーフォルビア・エノプラ
(*E. enopla*)。

春秋型種

生育適温は10〜25℃で、日本では春と秋に生育する種類では春と秋に生育する種類で、夏は暑すぎて生育緩慢になり、冬は寒すぎて休眠・生育停止する種類が多いといえます。夏は断水して強制的に休眠・生育停止させたほうが株が傷みません。多くの種類は強い光を好みます。ハオルチアのように弱い光を好む種類もあり、特に軟葉系（28ページ参照）のハオルチアは強い光の下では生育しません。

草花に似た雰囲気（葉茎が柔らかく、色合いが鮮やかなど）をもつ種類、一般園芸家に人気のある種類が多いのが特徴です。ベンケイソウ科の多肉植物のほとんどが春秋型種です。茎葉が柔らかく、温暖な時期に生育するため、病害虫の被害を受けやすいといえます。

ポイント 夏の根腐れ、蒸れで失敗しやすい。冬の低温、過湿に注意。

春秋型種の、虹の玉（セダム・ルブロティンクツム *Sedum × rubrotinctum*）。

じる、茎葉が堅い種類、シャープなフォルムをもつ種類が多いのが特徴です。管理しやすい種類、失敗しにくい種類が多いといえます。

ポイント 夏の根腐れ、蒸れで失敗しやすい。冬は完全に断水。低温に注意。

冬型種

生育適温は5〜20℃です。日本では冬に生育します。最低気温が一定以下になると、生育を始めますが、寒さに強いわけではありません。温度が高すぎると生育しないため、夏に休眠・生育停止します。春と秋は生育緩慢です。部屋を閉めきって高温にすると、生育期の冬でも休眠・生育停止してしまいます。夏は明るい半日陰で管理し、直射日光に当てません。

一般園芸家、熱心な愛好家の両方に人気がある種類が多いのが特徴です。冬型メセン類など、コンパクトなものもたくさんあります。

ポイント 夏の根腐れ、蒸れで失敗しやすい。冬夏は断水し、種類によっては葉水を与える。冬の低温にも注意。

冬型種のセネシオ・グレゴリー（*Senecio gregorii*）。

● **生育型は絶対なのか?**

3つの生育型に分けるといっても、春秋型種という区分けができたのは、1980年代初めです。かつては夏型種と冬型種の区分けしかなく、どちらにも該当しない種類は個別に説明していました。

多肉植物の生育型の区分けは人為的なもので、変更されることもあります。例えば、エケベリア、グラプトペタラム、パキフィツム、一

部のセダムは、1990年代終わりごろまでは夏型種として扱われていましたが、現在は春秋型種として扱われています。これには温暖化が影響していて、夏に夜温が下がらなくなって、生育しなくなっただけでなく株が暑さで傷むようになったためです。夏に冷涼な地域では現在でも夏型種扱いです。

春秋型種が冬型種になった例としては、ダドレアがあります。これは日本に導入されたころに栽培方法が確立していなかったためです。3つの生育型のいずれにも該当しない種類や、導入されたばかりで現在も生育型が決まっていない種類もあります。同じ属でも種によって生育型が異なるものもあります。

生育型はあくまでも目安ですが、しっかりと頭に入れたうえで、地域や栽培環境に応じた栽培管理を行いましょう。

春秋型種の、乙女の夢（エケベリア'ポール・バニヤン' *Echeveria* 'Paul Bunyan'）。かつてエケベリアは夏型種として扱われていた。

夏型種の恵比須笑い（パキポディウム・ブレビカウレ *Pachypodium brevicaule*）。

ようこそ、
多肉植物の世界へ

入手が容易で育てやすいベーシックな種類から、こだわりのマニアックな種類まで、魅力的な多肉植物を厳選して生育型別に紹介します。

寄せ植えにしたセダム・ルペストレ'アンジェリーナ'（黄）、セダム・ヒスパニカム（紫）ほか。

夏型種の多肉植物

吹上（アガベ・ストリクタ）*Agave stricta*

キジカクシ科　原産地 北米、中米　大きさ 高さ10～70cm、幅10～70cm
耐寒性 強
特徴　耐寒性、耐暑性が強く、関東地方以西では戸外で栽培可。栄養系と実生系が出回り、栄養系には'ナナ'、姫吹上などがある。実生系は個体差が大きい。株分け、実生でふやす。

＊交配種の場合は、記載しません。
＊＊ふやし方は容易な方法から順番に掲載しています。以下同。

JBP-M.Tanaka

アデニウム *Adenium* spp./cv.

キョウチクトウ科　原産地 アフリカ、中東
大きさ 高さ15～60cm、幅5～40cm
耐寒性 8℃
特徴　コーデックス。基部が肥大した姿を観賞するが、花が美しいため、花ものとしても扱われる。八重咲きもある。鉢花として出回るさし木苗は、基部が肥大しない。冬は落葉休眠。実生、つぎ木、さし木（基部が肥大しない）でふやす。

ARS

幻蝶かずら（アデニア・グラウカ）
Adenia glauca

トケイソウ科　原産地 南アフリカ　大きさ 高さ10～60cm（つるを除く）、幅5～40cm　耐寒性 5℃
特徴　半つる性のコーデックス。雌雄異株。葉の形状が蝶に似ている。過湿にすると、基部が腐って枯死する。冬は落葉休眠。落葉後につるを切り戻す。実生、さし木（基部が肥大しない）でふやす。

K.Osada

アボニア・アルストニー
Avonia quinaria subsp. *alstonii*

スベリヒユ科　原産地 ナミビア、南アフリカ　大きさ 高さ3～5cm、幅3～10cm
耐寒性 5℃
特徴 小型のコーデックス。旧学名はアナカンプセロス・アルストニー（*Anacampseros alstonii*）。生育緩慢で性質が弱い。白花かピンク花が不定期に咲く。さし木、実生でふやす。

アロエ・スープラフォリアータ
Aloe suprafoliata

ツルボラン科　原産地 南アフリカ　大きさ 高さ5～40cm、幅15～40cm
耐寒性 5℃
特徴 中型のアロエ。葉が整然と重なる幼苗の姿を観賞する。幅15～20cmまでの幼苗のうちは葉が左右に重なるように展開するが、5～6号鉢以上に育つと、新葉が四方に展開するようになってロゼット状になる。実生、株分けでふやす。

碧玉扇（へきぎょくせん）
（アロエ・プリカティリス）
Aloe plicatilis

ツルボラン科　原産地 アフリカ南部　大きさ 高さ20～60cm、幅10～50cm　耐寒性 5℃
特徴 扇状に葉が展開するツリーアロエ。現地では5mほどに育つ。成長が遅く、1年で2cmぐらいしか伸びない。4～5号鉢で開花し始める。さし木、実生でふやす。

夏型種の多肉植物

アロエ・ベラ　*Aloe vera*

ツルボラン科　原産地 中東　大きさ 高さ20〜70cm、幅10〜60cm　耐寒性 0℃
特徴　強健。薬用、食用に利用される。朝に葉を食べると、葉に含まれるリンゴ酸が豊富なため、苦みを感じにくい。株分けでふやす。タネができにくい。

ウンカリーナ・ルーゼリアーナ
Uncarina roeoesliana

ゴマ科　原産地 マダガスカル　大きさ 高さ5〜15cm、幅15〜60cm
耐寒性 5℃
特徴　コーデックス。葉は産毛で覆われ、独特の青臭さがある。黄花を咲かせる。他家受粉。受精すると、突起のある、ユニークな形状の果実ができる（左写真）。タネが成熟するころには突起の先端が鉤状になり、触れると容易には離れない。冬は落葉休眠。実生、さし木（基部が肥大しない）でふやす。

子持ち蓮華（オロスタキス・ボーメリー）
Orostachys boehmeri

ベンケイソウ科　原産地 日本　大きさ 高さ1cm、幅1〜2cm（群生する）
耐寒性 強
特徴　日本原産。耐寒性、耐暑性が強く、戸外で栽培可。多湿を避ける。春に花茎が円錐形に10cm程度伸びて開花する。ランナーで子株がふえる。さし木、株分け、実生でふやす。

臥牛(がぎゅう)(ガステリア・アームストロンギー)
Gasteria armstrongii

ツルボラン科　原産地　南アフリカ　大きさ　高さ2〜3cm、幅5〜8cm　耐寒性　5℃
特徴　小型のガステリア。葉を左右に密に重ねる。生育が遅い。日本で交配が進んだ。実生、葉ざし、株分けでふやす。

月兎耳(つきとじ)(カランコエ・トメントーサ)
Kalanchoe tomentosa

ベンケイソウ科　原産地　マダガスカル
大きさ　高さ7〜15cm、幅3〜10cm
耐寒性　5℃
特徴　多肉植物として扱われる、最も一般的なカランコエ。白毛が生えた葉に黒い斑点が入り、ウサギの耳のように見える。多くの変異個体が「○○兎耳」という園芸名で出回る。さし木、株分け、葉ざしでふやす。

白銀の舞(はくぎんのまい)(カランコエ・プミラ)
Kalanchoe pumila

ベンケイソウ科　原産地　マダガスカル
大きさ　高さ5〜15cm、幅5〜20cm
耐寒性　5℃
特徴　鉢花としても出回る、小型のカランコエ。粉を吹いたような銀葉と、短日の冬に咲く濃いピンク花とのコントラストが美しい。冬の間も水を与える(断水すると株が傷む)。さし木、株分けでふやす。

夏型種の多肉植物

唐印錦
（カランコエ・ルシアエ・バリエガータ）

Kalanchoe luciae variegata

ベンケイソウ科　原産地 アフリカ南部　大きさ 高さ10〜20cm、幅10〜20cm　耐寒性 5℃
特徴 低温期に葉が赤く色づく。粉を吹いたような銀葉をコンパクトに広げる。株が消耗するので、花芽を摘む。株分け、芯止めさし木でふやす。

黄金姫花月
（クラッスラ・オバータ cv.）

Crassula ovata cv.

ベンケイソウ科　原産地 南アフリカ　大きさ 高さ7〜30cm、幅3〜15cm　耐寒性 5℃
特徴 花月（*C.ovata*）の矮性タイプに曙斑が入る。生育期の新芽が鮮やかな黄色。開花しにくい。紅葉が美しい。さし木、株分け、葉ざしでふやす。

不死鳥錦（カランコエ cv.）

Kalanchoe cv.

ベンケイソウ科　大きさ 高さ5〜30cm、幅5〜10cm　耐寒性 5℃
特徴 鮮やかなピンクの覆輪、曙斑が入る。葉縁に多数の不定芽（ムカゴ）がつき、ピンクに染まって美しい。不定芽が落ちて周囲に広がる。さし木、株分け、葉ざし、不定芽（斑は不安定）でふやす。

紅かんざし（コチレドン・エリサエ）
Cotyledon elisae

ベンケイソウ科　原産地　南アフリカ
大きさ　高さ5～10cm、幅3～10cm
耐寒性　5℃
特徴　花ものとしても楽しめる、小型のコチレドン。葉は緑色で粘着がある。生育旺盛で花つきもよい。紅色の花。下葉が枯れて姿が乱れやすいので、株の更新や摘心を定期的に行う。株分け、さし木でふやす。

サルコステマ・ソコトラナム
Sarcostemma socotranum

キョウチクトウ科　原産地　ソコトラ島（イエメン）　大きさ　高さ5～20cm、幅5～10cm　耐寒性　5℃
特徴　半つる性。地面に高低差があると下垂する。土に接した部分から発根する。葉がなく、突起のある節がおもしろい。育て方は夏型のユーフォルビアと同じ。実生、さし木、株分けでふやす。

サンセベリア・バキュラリス
Sansevieria bacularis

キジカクシ科　原産地　アフリカ南部　大きさ　高さ20～100cm、幅10～30cm（群生する）　耐寒性　5℃
特徴　地下茎でふえるサンセベリア。濃緑色の葉は肉厚で丸い筒状。洗練されたフォルムが魅力。白い小花が不定期に咲き、夜間にのみ芳香を放つ。休眠明けの葉焼けに注意。葉ざし、株分け、実生でふやす。

夏型種の多肉植物

断崖の女王
（シンニンギア・レウコトリカ）
Sinningia leucotricha

イワタバコ科　原産地 ブラジル　大きさ 高さ5～20cm、幅5～30cm　耐寒性 5℃
特徴 コーデックス。原産地では急斜面に育つ。柔らかな産毛の生えた銀葉を春に展開する。赤橙色の花を咲かせる。用土の湿り気を好む。冬は落葉休眠。実生でふやす。

セイリギア・フンベルティ
Seyrigia humbertii

ウリ科　原産地 マダガスカル　大きさ 高さ15～40cm、幅5～10cm　耐寒性 5℃
特徴 新しい茎に生える白い産毛が美しい。数少ないウリ科の多肉植物の一つ。生育が遅く、地下に塊根をつくる。さし木、株分けでふやす。

ディッキア・コリスタミネア
Dyckia choristaminea

ブロメリア科　原産地 ブラジル　大きさ 高さ5～7cm、幅7～15cm（群生する）　耐寒性 5℃
特徴 多肉植物として出回る、小型のブロメリア。花つきがよい。緑葉の系統（スモールグリーンフォームなど）と、銅葉の系統（'フラズル・ダズル' 'Frazzle Dazzle'など）がある。実生、株分けでふやす。

K.Osada

JBP-Y.Itoh

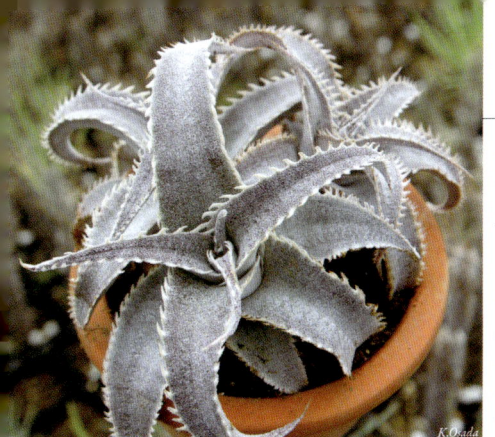

ディッキア・マルニエルラポストレイ
Dyckia marnier-lapostollei

ブロメリア科　**原産地** メキシコ、ブラジル　**大きさ** 高さ5～10cm、幅10～30cm（群生する）　**耐寒性** 5℃
特徴 多肉植物として出回る、最も一般的なブロメリア。銀色の産毛と鋸歯が目立つ。個体差があり、葉が幅広で短く、毛が白い個体が好まれる。ほかの夏型種よりも水を好み、周年水を与える（冬に断水しない）。実生、株分けでふやす。

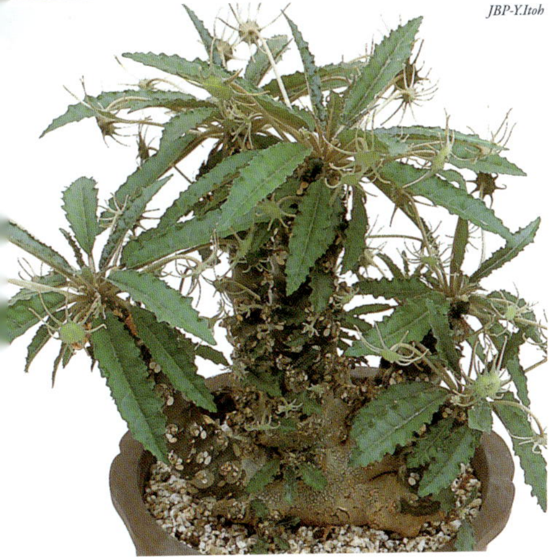

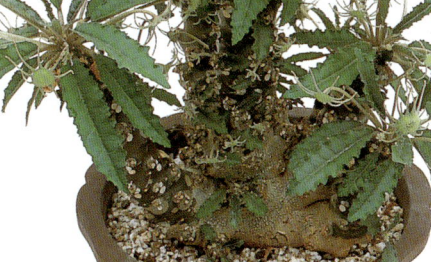

ドルステニアの仲間
Dorstenia spp. / cv.

クワ科　**原産地** 中東、アフリカ東部
大きさ 高さ5～20cm、幅5～15cm
耐寒性 8℃
特徴 柔らかな質感のコーデックス。ヒトデに似た特徴のある花を咲かせる。自家結実。タネが成熟すると周囲にはじけ飛び、こぼれダネで容易に発芽する。夏は遮光する。実生でふやす。

JBP-M.Tanaka

パキポディウム‘タッキー’
Pachypodium ‘Tucky’

キョウチクトウ科　**大きさ** 高さ5～40cm、幅2～40cm　**耐寒性** 8℃
特徴 コーデックス。日本で作出された、縮れ葉の実生系新品種。黄花。自家結実しにくく、他家受粉で結実する。実生でふやす。

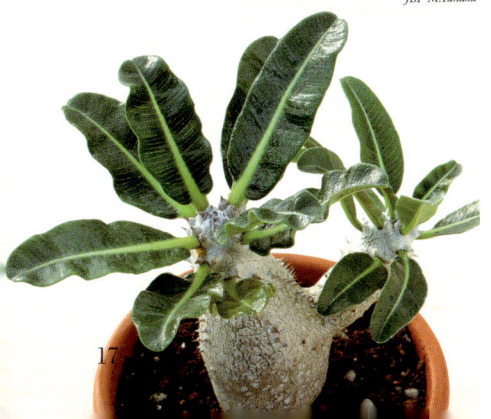

夏型種の多肉植物

パキポディウム・ビスピノーサム
Pachypodium bispinosum

キョウチクトウ科　原産地　マダガスカル　大きさ　高さ5〜60cm、幅1〜30cm　耐寒性 8℃
特徴　コーデックス。肥大する基部にはとげがない。細い枝に春から夏に釣り鐘形のピンク花を咲かせる。実生、さし木（基部が肥大しない）でふやす。

JBP-M.Tanaka

火星人（フォッケア・エデュリス）
（かせいじん）
Fockea edulis

キョウチクトウ科　原産地　南アフリカ
大きさ　高さ5〜40cm、幅2〜15cm
耐寒性 5℃
特徴　突起のある基部からつるを伸ばすコーデックス。緑色の小花を不定期に咲かせる。タネが成熟すると角のあるさやができる。本来は常緑だが、日本では寒さで落葉することがある（落葉しても生育には影響がない）。実生、さし木（基部が肥大しない）でふやす。

フーディア・ゴールドニー
Hoodia gordonii

キョウチクトウ科　原産地　南アフリカ
大きさ　高さ6〜40cm、幅2〜30cm
耐寒性 8℃
特徴　突起があるが、触っても痛くない。開花しにくいが、夏にパラボラアンテナのような茶色がかったピンク花を咲かせる。寒さに弱い。地上部を干して口に含むと空腹を感じなくなるので、現地では保存食として利用されている。さし木、実生でふやす。

JBP-M.Tanaka

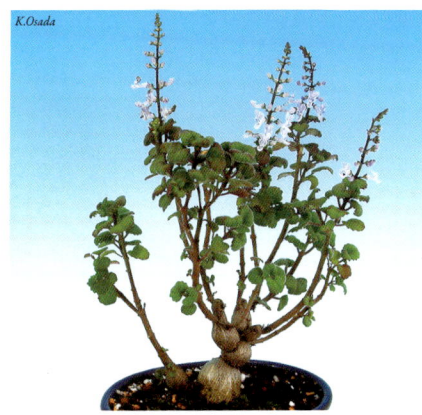

プレクトランサス・エルンスティー

Plectranthus ernstii

シソ科　**原産地** 南アフリカ　**大きさ**　高さ10～20cm、幅3～10cm　**耐寒性** 5℃
特徴 コーデックス。鉢花として親しまれているプレクトランサス同様、夏に青紫花を咲かせる。葉に芳香がある。冬は落葉休眠。実生、さし木(基部が肥大する)でふやす。

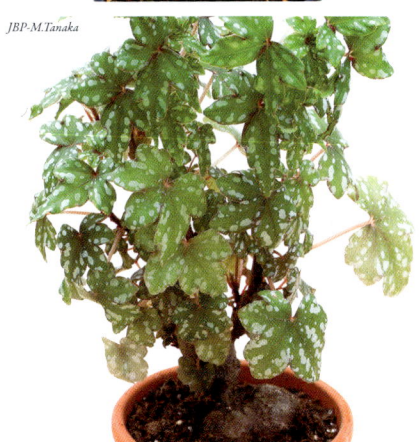

ベゴニア・ドレゲイ

Begonia dregei

シュウカイドウ科　**原産地** 南アフリカ　**大きさ** 高さ10～40cm、幅3～15cm　**耐寒性** 8℃
特徴 コーデックス。褐色の塊根から、白い斑点のある葉を展開する球根ベゴニア。白い小花が咲くが目立たない。明るい日陰で湿り気を好む。冬は落葉休眠。実生、さし木でふやす。

JBP-M.Tanaka

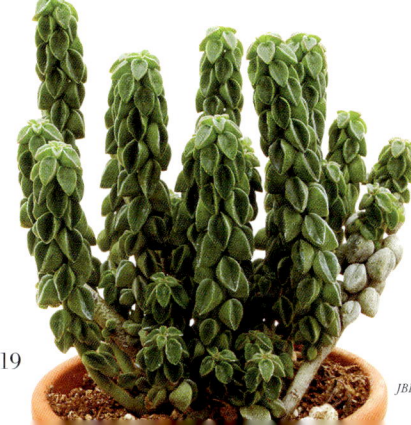

ペペロミア・コルメラ

Peperomia columella

コショウ科　**原産地** ペルー　**大きさ** 高さ5～10cm、幅1～7cm(群生する)　**耐寒性** 5℃
特徴 立ち上がった茎に、半透明の窓をもつ葉が密につく。冬に開花することが多いが、観賞価値は低い。さし木、株分けでふやす。

夏型種の多肉植物

大蒼角殿
（ボウィエア・ボルビリス）
Bowiea volubilis

キジカクシ科　原産地　南アフリカ　大きさ　高さ2〜7cm（つるを除く）、幅2〜20cm（つるを除く）　耐寒性　5℃
特徴　緑色の鱗片が大きく肥大する、つる性の球根植物。多肉植物愛好家に古くから栽培されている。茎葉もみずみずしい緑色で美しく、繊細に広がる。花は緑色で目立たない。冬は落葉休眠。実生、分球、鱗片ざしでふやす。

雅楽の舞（ポーチュラカリア・アフラ・アルボマルギナータ）
Portulacaria afra albomarginata

スベリヒユ科　原産地　南アフリカ　大きさ　高さ3〜10cm、幅2〜10cm　耐寒性　5℃
特徴　銀杏木（*P. afra*）の覆輪品種。茎が太くなり、盆栽仕立てにすると、イチョウに似た趣になる。常緑で、低温期には葉縁が赤く色づき、斑の黄色とのコントラストが美しい。さし木、株分け、つぎ木（盆栽仕立て）でふやす。

錦珊瑚（ヤトロファ・カサルティカ）
Jatropha cathartica

トウダイグサ科　原産地　メキシコ　大きさ　高さ10〜30cm、幅5〜20cm　耐寒性　5℃
特徴　コーデックス。花茎を20〜30cm伸ばして、濃ピンクの花を咲かせる。他家受粉。タネの発芽率が低い。冬は休眠落葉。実生でふやす。

白樺麒麟（ユーフォルビア cv.）

Euphorbia cv.

トウダイグサ科　大きさ　高さ5〜40cm、幅2〜20cm　耐寒性　5℃
特徴　白い斑が目を引く交配種。斑入りだが強健で、低温期も生育旺盛。ユーフォルビアのつぎ木用台木にも使われる。雌株。さし木でふやす。

蘇鉄麒麟（ユーフォルビア cv.）

Euphorbia cv.

トウダイグサ科　大きさ　高さ5〜30cm、幅3〜15cm　耐寒性　5℃
特徴　突起のある太い茎の上部から、細長い葉を展開するコーデックス。小型のユーフォルビア（交配種）。雌雄異株で雄株、雌株がそれぞれ何系統かある。さし木、株分けでふやす。

瑠璃晃（ユーフォルビア・スザンナエ）

Euphorbia suzannae

トウダイグサ科　原産地　南アフリカ　大きさ　高さ2〜7cm、幅2〜15cm　耐寒性　5℃
特徴　はっきりとした突起をもつ、緑色の球形ユーフォルビア。雌雄異株。幼苗のうちから突起があり、かわいらしい。成熟すると、株の上部に子株が吹く。実生、さし木でふやす。

春秋型種の多肉植物

アドロミスクス・ヘレイ
Adromischus marianiae var. *immaculatus*

ベンケイソウ科　原産地　南アフリカ　大きさ　高さ3～7cm、幅3～5cm　耐寒性 5℃
特徴　細かな凹凸のある、肉厚の葉が特徴。変異が多い。手荒に扱うと、葉が取れやすい。よく開花するが、花の観賞価値は低く、タネができにくい。開花すると芯が止まって、分枝する。葉ざしでふやす。

エケベリア・カンテ　*Echeveria cante*

ベンケイソウ科　原産地　メキシコ　大きさ　高さ5～10cm、幅3～30cm　耐寒性 5℃
特徴　大型のエケベリア。葉の表面に白い粉を吹く、青みがかった美白種。葉に触れると、粉が落ちて美しさを損なう。低温期の過湿に注意。芯止めさし木、芯止め株分け、実生でふやす。葉ざしでもふやせるが、難しい。

エケベリア・アガボイデス
Echeveria agavoides

ベンケイソウ科　原産地　メキシコ　大きさ　高さ5～20cm、幅5～30cm　耐寒性 5℃
特徴　大型のエケベリア。種小名はアガベに似ることに由来する。整ったロゼットが魅力で、アガベと違って触れても痛くない。赤みを帯びたもの、銀色がかったものなど、変異が多い。株分け、実生、葉ざし（花茎につく葉を利用）でふやす。

エケベリア・ルンヨニー'トップシー・ターピー'
Echeveria runyonii 'Topsy Turvy'

ベンケイソウ科　原産地 メキシコ　大きさ 高さ3〜7cm、幅3〜15cm　耐寒性 5℃
特徴 中型のエケベリア。原産地採取の変異個体。園芸品種名は「逆さま、めちゃくちゃ」を意味し、葉が外向きに折れることに由来する。「トップスプレンダー」と誤称されて出回る。葉ざし、株分けのほか、花茎につく葉をさしてふやす。

エケベリア'パール・フォン・ニュルンベルグ'
Echeveria 'Perle von Nürnberg'

ベンケイソウ科　大きさ 高さ3〜5cm、幅3〜15cm　耐寒性 5℃
特徴 中型のエケベリア。ドイツで作出された交配種。低温期に紫色の発色が冴えて美しい。葉ざし、株分けでふやす。

花うらら（エケベリア・プリドニス）
Echeveria pulidonis

ベンケイソウ科　原産地 メキシコ　大きさ 高さ3〜5cm、幅3〜7cm（群生する）　耐寒性 5℃
特徴 小型のエケベリア。葉は肉厚で葉縁が赤く染まる。青みがかった個体が多く、密なロゼットを形成する。丈夫。30cmほどの長い花茎を伸ばして黄花を咲かせる。実生、葉ざし、株分けでふやす。

春秋型種の多肉植物

オロスタキス・スピノーサ
Orostachys spinosa

ベンケイソウ科　原産地 中央アジア、東アジア　大きさ 高さ1〜2cm、幅1〜10cm　耐寒性 強
特徴 ロゼット状の締まった冬芽が魅力。高温多湿に弱く、日本では開花しにくい。夏は断水する。株分けでふやす。

火祭り（クラッスラ'キャンプファイアー'）
Crassula 'Campfire'

ベンケイソウ科　大きさ　高さ5〜10cm、幅3〜8cm　耐寒性 5℃
特徴 真夏を除いて、紅葉色がきれい。生育旺盛で丈夫だが、過湿にすると、カビによる斑点が葉に生じやすい（斑点が生じたら、断水して乾燥させるとよい）。さし木、株分け、葉ざしでふやす。

星の王子（クラッスラ・ルペストリス cv.）
Crassula rupestris cv.

ベンケイソウ科　原産地 南アフリカ　大きさ 高さ5〜20cm、幅2〜10cm（群生する）　耐寒性 5℃
特徴 整った葉が幾重にも美しく重なる。夏になると葉縁の赤みが鮮やかになり、コントラストが際立つ。株が老化すると下葉が落ち、草姿が乱れるので、定期期に仕立て直す。中斑の南十字星もある。さし木、株分け、葉ざし、実生でふやす。

ブロンズ姫錦
（グラプトセダム 'ブロンズ' バリエガータ）
× *Graptosedum* 'Bronze' *variegatum*

ベンケイソウ科　大きさ　高さ3〜5cm、幅2〜8cm（群生する）　耐寒性 5℃
特徴　小型のグラプトセダム（グラプトペタラムとセダムの属間交配）。低温期に発色が冴えて美しい。さし木、株分けでふやす。葉ざしでふやすこともできるが、斑を維持しにくい。

朧月
（グラプトペタラム・パラグアイエンセ）
Graptopetalum paraguayense

ベンケイソウ科　原産地 メキシコ　大きさ 高さ3〜20cm、幅5〜15cm（群生する）　耐寒性 0℃
特徴　弱い霜に耐え、関東地方以西では軒下などで戸外栽培可能。葉は食用になり、花の観賞価値は低い。葉ざし、さし木、株分け、実生でふやす。

白牡丹
（グラプトベリア 'ティツバンス'）
× *Graptoveria* 'Titubans'

ベンケイソウ科　大きさ　高さ3〜15cm、幅5〜10cm　耐寒性 0℃
特徴　日本でも古くから普及している、中型のグラプトベリア（グラプトペタラムとエケベリアの属間交配）。弱い霜に耐え、関東地方以西では軒下などで戸外栽培可能。葉ざし、さし木、株分けでふやす。

春秋型種の多肉植物

セダム・ダシフィルム
Sedum dasyphyllum

ベンケイソウ科　原産地 地中海沿岸　大きさ 高さ1〜2cm、幅2〜15cm(群生する)　耐寒性 強
特徴 関東地方以西では戸外で栽培可能。株が充実していれば、花つきがよい。品種の'パープル・ヘイズ'('Purple Haze')は耐暑性が弱いが、低温期によく生育する。葉ざし、さし木、株分け、実生でふやす。

オーロラ
(セダム・ルブロティンクツム'オーロラ')

Sedum × rubrotinctum 'Aurora'

ベンケイソウ科　原産地 メキシコ(未確定)　大きさ 高さ2〜8cm、幅2〜8cm
耐寒性 0℃
特徴 虹の玉(*S. × rubrotinctum*)の斑入り。紅葉色を楽しむ代表的存在。丸い葉が美しく紅葉する。さし木、株分け、葉ざし(斑を維持しにくい)でふやす。

セダム・ルペストレ'アンジェリーナ'
Sedum rupestre 'Angelina'

ベンケイソウ科　原産地 ヨーロッパ　大きさ 高さ2〜6cm、幅2〜15cm(群生する)　耐寒性 強
特徴 グラウンドカバー状に広がる、ほぼ常緑の黄葉品種。冬に落葉しやすい従来の黄葉品種'アカプルコ・ゴールド'('Acapulco Gold')とは異なる。紅葉色は黄橙色。高温多湿に強く、弱い霜に耐える。さし木、株分けでふやす。

樹氷（セデベリア cv.）× *Sedeveria* cv.

ベンケイソウ科　大きさ　高さ3〜8cm、幅2〜10cm　耐寒性　5℃
特徴　セダムとエケベリアの属間交配で小型。先のとがった、青みを帯びた銀色の葉が密につき、かわいらしい。さし木、葉ざし、株分けでふやす。

巻絹（センペルビウム・アラクノイデウム）
Sempervivum arachnoideum

ベンケイソウ科　原産地　ヨーロッパ山岳部
大きさ　高さ1〜2cm、幅1〜7cm（群生する）　耐寒性　強
特徴　クモの巣を張ったように、株全体に白い毛がつく。春にランナーを伸ばし子株を吹く。花は紅色。戸外で栽培可能だが、高温多湿に弱い。株分け、さし木でふやす。

センペルビウム 'ラブリー・レディ'
Sempervivum 'Lovely Lady'

ベンケイソウ科　大きさ　高さ2〜4cm、幅2〜10cm（群生する）　耐寒性　強
特徴　強健な交配種。子株を吹きやすい。生育期間が長く、真夏以外の生育期間中はずっと発色が冴える。株分け、さし木でふやす。

春秋型種の多肉植物

ハオルチア・オブツーサ
Haworthia cooperi var. *truncata*

ツルボラン科　原産地　南アフリカ　大きさ　高さ2〜5cm　幅2〜8cm（群生する）　耐寒性　5℃
特徴　軟葉系ハオルチアの代表的存在。葉の上部に半透明の窓をもつ。春と秋に開花するが、観賞価値は低い。明るい日陰を好む。強い日ざしに当てると、成長が止まるか、緩慢になって葉焼けを起こす。株分け、葉ざしでふやす。

JBP-M.Tanaka

十二の巻（ハオルチア・ファスキアータ）
Haworthia fasciata

ツルボラン科　原産地　南アフリカ　大きさ　高さ3〜15cm、幅3〜10cm　耐寒性　5℃
特徴　堅葉系ハオルチアの代表的存在。葉の外側に白い縞模様が入る。均整のとれたロゼットで、幾何学的な美しさが魅力。株分けでふやす。葉ざしでふやすこともできるが、時間がかかる。

JBP-M.Tanaka

月美人（パキフィツム・オビフェルム）
Pachyphytum oviferum

ベンケイソウ科　原産地　メキシコ　大きさ　高さ5〜15cm、幅4〜10cm　耐寒性　5℃
特徴　白い粉を吹いた肉厚の葉。葉先が紅色に染まって美しい。葉ざし、さし木、株分けでふやす。

JBP-S.Maruyama

冬型種の多肉植物

JBP-M.Tanaka

黒法師（くろほうし）
（アエオニウム 'ツワルトコップ'）　*Aeonium 'Zwartkop'*

ベンケイソウ科　大きさ 高さ5～60cm、幅3～20cm　耐寒性 5℃
特徴 黒葉。いくつかの系統があり、色がさめやすいものもあるので、なるべく黒い個体を選ぶとよい。系統によってロゼットの大きさにも幅がある。黄花を咲かせるが、開花すると枯死する（子株は残る）。開花前に花茎を切れば、生育し続ける。株分け、さし木でふやす。

JBP-M.Syudou

明鏡（めいきょう）（アエオニウム・タブリフォルメ）
Aeonium tabuliforme

ベンケイソウ科　原産地 カナリア諸島（スペイン）　大きさ 高さ1～10cm、幅3～15cm　耐寒性 5℃
特徴 均整のとれたロゼットが平面状に展開。葉に水がたまって腐りやすいので、夏は遮光し、断水する。株分け、芯止めさし木、実生でふやす。

K.Osada

夕映え（ゆうばえ）（アエオニウム 'キウイ'）
Aeonium 'Kiwi'

ベンケイソウ科　原産地 アフリカ　大きさ 高さ3～30cm、幅2～15cm　耐寒性 5℃
特徴 黄色の曙斑が入る交配種。葉縁の赤とのコントラストが美しい。夏は遮光する。さし木でふやす。

冬型種の多肉植物

紫月（オトンナ・カペンシス cv.）
Othonna capensis cv.

キク科　原産地 南アフリカ　大きさ 高さ3cm、幅 つる性　耐寒性 5℃
特徴 緑の鈴（*Senecio rowleyanus*）に似ているが、より強健。冬だけでなく、春と秋にも生育する。光に当てないと紫色の発色が悪くなる。黄花。流通名「パープルネックレス」。さし木、株分けでふやす。

オトンナ・クラビフォリア
Othonna clavifolia

キク科　原産地 南アフリカ　大きさ 高さ5〜15cm、幅3〜10cm　耐寒性 5℃
特徴 コーデックス。丸いこん棒のような葉をもつ。花つきがよく、黄花を咲かせる。冬型コーデックスのなかでは育てやすい。自家受粉しにくい。実生、さし木でふやす。

クラッスラ・オービキュラリス
Crassula orbicularis

ベンケイソウ科　原産地 南アフリカ　大きさ 高さ1〜5cm、幅2〜5cm（群生する）　耐寒性 5℃
特徴 細いランナーを伸ばして子株をふやす。夏は遮光する。さし木、株分け、葉ざし、実生でふやす。

コノフィツム *Conophytum* spp. / cv.

メセン科　原産地　南アフリカ　大きさ　高さ1〜8cm、幅1〜10cm(群生する)　耐寒性　0〜5℃
特徴　花ものの球形メセン。巻き花、縮れ咲きなどの変わり花の多くは、日本で作出された。秋の生育期初めに脱皮し、2倍にふえる。秋に開花するものが多い。低温に耐えるが、株が傷んで見栄えが悪くなる。株分け、実生でふやす。

銀月 (セネシオ・ハオルシー)
Senecio haworthii

キク科　原産地　南アフリカ　大きさ　高さ3〜20cm、幅2〜15cm(群生する)　耐寒性　5℃
特徴　産毛が生えたような真っ白な葉。生育が遅く、あまり出回らない。冬から早春に黄花が咲く。さし木(発根に時間がかかる)、株分けでふやす。

仙女盃 (ダドレア・ブリトニー)
Dudleya brittonii

ベンケイソウ科　原産地　カリフォルニア半島(メキシコ)　大きさ　高さ5〜10cm、幅3〜30cm　耐寒性　5℃
特徴　大きなロゼットの美しい白さが観賞のポイント。葉につく白い粉が落ちるのを防ぐため、葉に水をためない、手で触らない。生育期によく育ち、クリーム色の花を咲かせる。自家受粉でタネができやすい。実生(タネは微細)でふやす。

冬型種の多肉植物

亀甲竜
（ディオスコレア・エレファンティペス）
Dioscorea elephantipes

ヤマノイモ科　原産地 南アフリカ　大きさ 高さ2〜15cm、幅2〜30cm　耐寒性 5℃
特徴 コーデックス。肥大する過程で、木質化した基部に大きなひびが入る。雌雄異株。夏は落葉休眠。よく似たメキシコ亀甲竜（*D. mexicana*）は夏型のコーデックス。実生でふやす。

チレコドン・ワリキー
Tylecodon wallichii

ベンケイソウ科　原産地 南アフリカ、ナミビア　大きさ 高さ5〜30cm、幅2〜30cm　耐寒性 5℃
特徴 コーデックス。古い葉のあとが突起状に残る。夏は落葉休眠。実生、さし木でふやす。

リトープス *Lithops* spp. / cv.

メセン科　原産地 南アフリカ　大きさ 高さ1〜3cm、幅1〜5cm（群生する）　耐寒性 0〜5℃
特徴 葉の模様を楽しむ球形メセン。模様、色合いの変異が多い。現地では模様と色合いによって、周囲に擬態している。白、黄色、ピンクの美しい花が咲く。実生、株分けでふやす。

12か月の管理と作業

1月から12月までの、
月ごとの栽培管理を生育型別にまとめました。
それぞれの生育サイクルを把握して、
多肉植物を上手に育てましょう。

静夜（エケベリア・デレンベルギー *E. derenbergii*）

(関東地方以西基準)

6月	7月	8月	9月	10月	11月	12月

生育 / 生育緩慢 / 休眠・生育停止

風通しのよい日なた
(種類によっては、梅雨明け〜9月中旬は明るい半日陰) / 日当たりのよい室内

表土が乾いたらたっぷりと与える / 徐々に減らす / 断水

緩効性化成肥料を2か月に1回
(または液体肥料を1週間に1回)

植え替え、株分け、切り戻し、
さし木、葉ざし、タネまき

生育緩慢

休眠・生育停止 / 生育 / 休眠・生育停止

明るい半日陰（要雨よけ） / 風通しのよい日なた / 日当たりのよい室内

徐々に減らす / 葉水を1か月に1〜2回 / 表土が乾いたら
たっぷりと与える / 葉水を1か月に
1〜2回

緩効性化成肥料を2か月に1回（または液体肥料を1週間に1回）
※紅葉する種類には10月以降は肥料を効かせない。

植え替え、株分け

切り戻し、さし木、葉ざし、タネまき

多肉植物の年間の管理・作業暦（夏型種、春秋型種）

		1月	2月	3月	4月	5月
夏型種	生育状況	休眠・生育停止			生育緩慢	
	鉢の置き場	日当たりのよい室内			日当たりのよい室内／風通しのよい日なた	
	鉢の水やり	断水			徐々にふやす	
	肥料					
	主な作業					
春秋型種	生育状況	休眠・生育停止		生育緩慢		生育
	鉢の置き場	日当たりのよい室内		日当たりのよい室内（日中は戸外）	風通しのよい日なた（種類によっては明るい半日陰）	
	鉢の水やり	葉水を1か月に1〜2回		徐々にふやす	表土が乾いたらたっぷりと与える	
	肥料				緩効性化成肥料を2か月に1回（または液体肥料を1週間に1回）	
	主な作業			植え替え、株分け、切り戻し、さし木、葉ざし		
					タネまき	

(関東地方以西基準)

	6月	7月	8月	9月	10月	11月	12月
	休眠・生育停止				生育緩慢	生育	
	涼しい、明るい半日陰				風通しのよい日なた	日当たりのよい室内	
	断水、葉水				徐々にふやす	表土が乾いたらたっぷりと与える	
				緩効性化成肥料を2か月に1回（または液体肥料を1週間に1回）※紅葉する種類には施さない。			
				植え替え、株分け、切り戻し、さし木、葉ざし、タネまき			

軟腐病

キノコバエの幼虫

多肉植物の年間の管理・作業暦（冬型種、病害虫の防除）

		1月	2月	3月	4月	5月
冬型種	生育状況		生育			生育緩慢
	鉢の置き場		日当たりのよい室内			
	鉢の水やり		表土が乾いたらたっぷりと与える			徐々に減らす
	肥料		緩効性化成肥料を2か月に1回 （または液体肥料を1週間に1回）			
	主な作業		植え替え、株分け、切り戻し、 さし木、葉ざし			
病害虫の防除 （3生育型共通）		カイガラムシ、コナカイガラムシ、サボテンネカイガラムシ				
		アブラムシ				
					ハダニ、アザミウマ	
		キノコバエの幼虫				

多肉植物の栽培を始める前に

本書では、多肉植物を育てるうえで必要な「12か月の管理と作業」を、夏型種、春秋型種、冬型種の3つの生育型に分けて、関東地方以西の平地を基準に解説しています。

● **株の状態を常に確認する**

気象条件や地域、栽培環境によって、生育期、休眠・生育停止期が前後します。生育期に入る前、休眠・生育停止期に入る前は特に株の状態を確認し、置き場、水やり、肥料などの栽培管理を判断してください。置き場の「明るい半日陰」の目安は、遮光率30～50％程度です。

肥料は、三要素等量の緩効性化成肥料（N・P・K＝10-10-10など）か、チッ素分が多めの液体肥料（N・P・K＝7-4-4など）のどちらかを施します。

緩効性化成肥料 2か月に1回、少なめに施します。

液体肥料 規定倍率の2倍に薄めて1週間に1回施します。

秋遅くまで肥料を効かせると、紅葉する種類はきれいに色づかないので注意してください。

● **植え替え、株分けの注意点**

休眠・生育停止期に入る直前を避け、適期に定期的に行います。植え替えの目安は、生育の

セダムの紅葉した株（上段）と、遅くまで肥料を効かせたため、紅葉していない株（下段）。左からS・アルブム'コーラル・カーペット'、S・ヒスパニカム、S・ルペストレ'アンジェリーナ'。

早い種類（ベンケイソウ科の多肉植物など）は1〜2年に1回、生育の遅い種類（コーデックスなど）は2〜3年に1回です。株が混み合ったり、用土に水がしみ込みにくくなったりしたら、植え替えが必要です。梅雨どきの作業はおすすめできませんが、あえて行う場合は2〜3週間水を与えずに乾燥させてから行います。

株が混み合っていたら株分けも行い、分けた株の根が少なければさし木の要領で管理します。単頭（芽が1つの状態）にしたほうが、株姿が映えて美しいとされる種類（アガベ、ハオルチアなど）は、定期的に株分けを行います。

根鉢を2/3程度（下部と外周部分）くずして古い用土を落とし、傷んだ根を切ります。水で洗い流す必要はありません。株に傷をつけると腐るおそれがあるので、ていねいに作業を行い、乾燥した新しい用土（119ページ参照）で植えつ

けます。植えつけ後は雨の当たらない明るい半日陰で1〜2週間管理し、水やりは植え替え直後には行わず、種類によって3〜4日後か1〜2週間後に行います。

● **さし木、花茎ざし、葉ざしの注意点**

さし穂には充実した茎や葉を選びます。老化した茎、柔らかい茎は発根しにくく腐りやすいので避けましょう。鋭利な刃物で切ると組織が傷まず、発根しやすくなります。切断面が完全に乾燥するまで待ち、新しい用土にさします。発根の遅い種類（アガベ、コーデックス）は、切断面が乾いてからさらに2〜3週間乾燥させてさします。直後には水やりは行わず、新芽が動き始めたら、水をたっぷりと与えてください。梅雨どきに行うと、切り口から腐りやすいのであまりおすすめできません。

ガステリア、ハオルチアの一部などは、不定芽が出る部分を用土で覆って、湿度を維持できる状態にする必要があります。さし穂の高さの1/4程度、用土に埋めると、さし穂が乾燥で消耗する前に発根、発芽します。真夏は明るい半日陰で管理し、発根するまでは週に1回、葉水を与えます。

JBP-M.Tanaka

エケベリア・パリダ (*E. pallida*) のさし木。切り口をしっかりと乾燥させてから、用土にさす。

40

植え替え（群生するタイプ）

❶ 大きく育った月兎耳（カランコエ）。根詰まり気味で、下葉も落ちている。

❷ 茎が密に伸びすぎている場合は、植え替え前に切り戻しておく。

❸ 株を鉢から抜き、根鉢をくずす。くずしにくいときは、ハサミで切れ込みを入れる。

❹ 根鉢をくずして古い用土を落とした状態。傷んだ根は、切り取っておく。

❺ 新しい用土で植えつける（根の量が少なければ、同サイズの鉢に植えつけてもよい）。

❻ 植えつけ終わった状態。水やりは植えつけ直後ではなく、3〜4日後に行う。

植え替えのポイント

　用土を鉢に入れる際は、すき間ができないように、割りばしなどで用土をしっかりと押し込む。とげが鋭くて触れない種類（アガベなど）や、葉に触れると表面の粉がなくなる種類（ダドレアなど）の植え替え時には特に注意したい。

❶ 仙女盃（ダドレア）の植え替え。葉の表側に触れないように用土を入れる。

❷ 割りばしを使って用土を押し込む。葉の陰になる部分もしっかり押し込む。

植え替え（単幹タイプ）

❶ パキポディウム・デンシフローラム。用土が劣化しているので植え替える。

❷ 鉢から抜いた状態。太い幹を傷つけないように作業する。

❸ 傷んだ根を切った状態。新しい用土で植えつけ、1週間後に水やりを行う。

株分け（群生するタイプ）

❶ 鉢いっぱいにふえた、春秋型種の雪の花（ハオルチア *H. turgida* var. *pallidifolia*）。

❷ 鉢から抜き、株を分ける。群生させて楽しむ場合は、分けずに植え替えてもよい。

❸ 1株ごとに分けた状態。

❹ 傷んだ根をハサミで切り取り、古い根を1cm程度残して切り戻す。

❺ 根を整理した状態。新しい根は色が白い。

新しい根

❻ 1株ずつ、または数株一緒に、新しい用土で植えつける。水やりは3〜4日後に行う。

株分け（綴化したタイプ）

① 突然変異で成長点が帯状になった綴化個体、魵（エケベリア・アガボイデス）。

② 立ち上がった茎を生かして、株分けを行う。

③ 鉢から抜いて古い用土を落とし、傷んだ根を取り除いた状態。

株分け（地下茎でふえるタイプ）

① 夏型種のサンセベリア・カナリキュラータ 'ナナ'（*S. canaliculata* 'Nana'）。

② 古い用土を落とした状態。芽が太い地下茎でつながっているのがわかる。

地下茎

③ 地下茎をハサミで切り分けた。1株ずつ植えつけ、3株に分け、水やりは1週間後に行う。

＊わかりやすくするため、用土を水で落としていますが、株分けの際に水を使う必要はありません。

❼ 一部の芽が先祖返りし、綴化していない（成長点が帯状になっていない）。

❹ 株をハサミで縦に切り分ける。古い茎は折れやすいので、ていねいに扱う。

❽ 綴化していない芽を切る。放置すると、綴化した芽が少なくなることもある。

❺ 株を2つに切り分けた状態。どちらにも根がつくように切り分ける。

❾ 綴化していない芽を切り取った状態。綴化していない芽は、いつでも見つけしだい切る。

❻ 1株ずつ植えつけた状態。水やりは1週間後に行う。右の株は❼へ続く。

株分け（ランナーでふえるタイプ）

赤いランナーを伸ばして子株をふやす、クラッスラ・オービキュラリス。

ランナーをハサミで切って、子株を分け、数芽一緒に植えつける。

原種のサンセベリア（*S. sp. aff. bella*）は、子株が発根してからランナーを切るとよい。

子株をつけたセンペルビウム〝ラブリー・レディ〟。

ランナーをハサミで切って、子株を分ける。あまり小さな子株は切らずに残す。

子株のサイズにもよるが、数株一緒に植えつける。水やりは3〜4日後に行う。

切り戻し

❶ 茎が長く伸びた、春秋型種のペペロミア・フェレイラエ（*P. ferreyrae*）。

❷ 長く伸びた茎を、わき芽の上で切り戻す。

→ わき芽

❸ 切り戻し終わった状態。植え替えも同時に行ったほうがよい。

❶ 茎が枯れてしまった、冬型種のセネシオ・クレイニア（*S. klenia*）。放置すると枯死することもある。

❷ 枯れ込みを止めるため、傷んでいない部分で切り戻す。

❸ 切り戻した状態。切り口が乾燥するまで、水をかけない。根が傷んでいるかもしれないので、植え替えを行う。

切り戻しが必要な株

茎が長く伸び、下葉が落ちたアエオニウム'サンバースト'（*A.* 'Sunburst'） 好みの高さで切り戻し、わき芽が吹くのを待つ。切った芽や茎はさし木に。

茎が長く伸びた、春秋型種のクラッスラ・ルペストレ（*C. rupestre*） こんもりと茂るように、ドーム状に切り戻す。

芽の一部が先祖返りし、緑色の葉になってしまった黒法師（アエオニウム） 緑色の葉をつけた茎をつけ根で切り取る。

下葉が落ちたエケベリア・パリダ 老化した株を切り戻しても、見栄えが悪いので、先端の芽を切ってさし木にする。

茎が伸びすぎて、鉢ごと倒れるようになったカランコエ・ベハレンシス'ブラウン・ドワーフ'（*K. beharensis* 'Brown Dwarf'） 好みの高さで切り戻す。切った芽や茎はさし木に。

さし木

❶ 下葉が落ちた月兎耳（カランコエ）。

❷ さし穂にするため、茎の先端をハサミで切り取る。元の株は41ページ参照。

❸ 切り取ったさし穂。3～4日程度、切り口を乾燥させる。

❹ 割りばしなどで用土に穴をあけながら、乾燥させたさし穂をさす。

❺ 発根後もそのまま育てる場合は、さし穂どうしが触れ合わない程度にする。

❻ 発根後に植え替える場合は、さし穂が触れ合ってもよい。

根ざし

① 万象（ハオルチア *H. maughanii*）の用土を落とした状態。

② 太い根をつけ根から取り外す。親株は根がなくなっても生育する。

③ つけ根が用土の少し上に出るように、根を埋める。新芽は根の上部から出る。

さし穂の乾かし方

① エケベリア・パリダのさし穂。この状態で乾燥させると、芽先が曲がってしまう。

② 芽先が曲がるのを防ぐため、素焼き鉢にさし穂を入れて3〜4日程度乾燥させる。

鉢に入れた、春秋型種の紅葉祭（セダム）のさし穂。さし穂を乾燥させながら楽しむこともできる。

花茎ざし

❶ 花茎を上げ始めた、エケベリア・アガボイデス系の交配種。

花茎

❷ 花茎をつけ根からハサミで切り取る。

❸ 花茎を切り取った状態。花茎は蕾が確認できるようになる前に切る。

❹ 切り取った花茎を、3〜5節ずつにハサミで切る。

❺ 花茎を切った状態。切るタイミングが遅ければ、さしても葉芽ができない。

❻ 新しい用土にさし、3〜4日後に水やりを行う。

51　JBP-M.Tanaka

葉ざし

❶ 春秋型種のエケベリア〝ドンド〟（*E.* 'Dondo'）。

❷ 充実した下葉を手で左右に動かすようにして、つけ根から取る。

❸ 葉のつけ根がないと発根しないので、ていねいに取る。

❹ さし穂にする葉。乾燥させずにそのままます。

❺ 葉のつけ根が、新しい用土に軽く埋まるようにさす。深くさすと発根、発芽しにくい。

❻ 葉をさし終わった状態。3〜4日後に水やりを行う。

葉ざしの後の状態

❷ 葉ざしを行ったばかりの状態（下）と、発根、発芽した状態（上）。発根、発芽するころには、緑色の葉がしなびて変色する。

❶ 夏型種のガステラロエ'フロー'（×*Gasteraloe* 'Flo'）。ガステリアとアロエの属間交配。

上の3つは葉ざしで発根、発芽した、春秋型種のパキベリア'グラウカ'（×*Pachyveria* 'Glauca'）。パキベリアはパキフィツムとエケベリアの属間交配。同時期に葉ざしを行っても、発根、発芽の状態は異なる。

根腐れを起こした株の再生

❶ 冬型種の少将（コノフィツム）。根腐れを起こした株（左）と、正常な株（右）。

❷ 古い用土を落とした状態。根腐れを起こした株（左）には根がない。

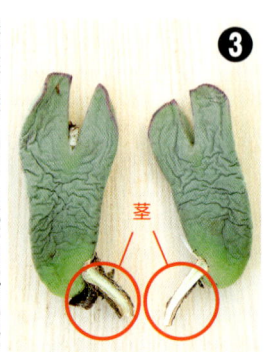

❸ 株の茎を縦に割き、内部が白っぽい色をしていれば再生可。写真は❷の左側の株。

茎

❶ 根腐れを起こして株が枯れてしまった、夏型種の峨眉山（ユーフォルビア）。

❷ 子株は枯れていないので、切り離す。放置すると子株も枯れてしまう。

❸ 切り離した子株。新しい用土でさす。

芯割り

❶ 吹上（アガベ・ストリクタ）。分頭、子吹きしにくい。

❷ 作業をしやすくするため、上部の葉を短く切り、ナイフで縦に切れ込みを入れる。

❸ 切れ込みに石をはさんでおくと、切れ込みから子株が吹く。はさまないと切れ込みが癒合して子吹きしない。

芯止め

❶ 夏型種の白糸の王妃錦＊（アガベ）。分頭（芽が分かれること）、子吹きしにくいので、ナイフで芽の先端を切る。

❷ 芽の先端を切った状態。切り口が乾燥するまでは、水をかけないように管理する。切った芽先はさし木に。

❸ 3～4か月ほどで芽が吹くので、大きく育ったら切り取ってさし木する。

＊白糸の王妃錦（*Agave filifera marginata*）

寄せ植えの仕立て直し

❶

茎が長く伸びて姿がくずれ、見苦しくなった寄せ植え。一般に4～5か月ごとに手入れが必要。

❷

切り戻す必要のない株は根を整理し、切り戻す必要のある株は先端をさし穂にし、ともに2～3日、日陰で乾かす。

❸

切り戻す必要のない株を新しい用土で植えつけ、周囲に切り取ったさし穂をさす。水やりは1～2週間後に行う。

寄せ植えのつくり方

同じ生育型で組み合わせると管理が楽ですが、夏型種と春秋型種、冬型種と春秋型種の組み合わせも可能です。耐寒性のある種類は、生育型に関係なく組み合わせることができます。多肉植物以外の、ほかの草花と組み合わせる場合は、株の蒸れに注意します。

耐寒性のある種類でまとめた寄せ植え

吹上（アガベ）を中心に、セダム2種類、センペルビウム2種類、オロスタキス2種類（子持ち蓮華など）を配した寄せ植え。どれも－10℃程度まで耐え、周年戸外で管理できる。

1月

夏型種　休眠・生育停止期　水やり×　肥料×
春秋型種　休眠・生育停止期　水やり×（葉水○）　肥料×
冬型種　生育期　水やり○　肥料○

カランコエ・ブラクテアータ（*Kalanchoe bracteata*）の花。

1月の多肉植物

寒さのピークを迎えますが生育型によって、旺盛に生育している種類と、休眠・生育停止している種類とに分かれます。

夏型種　寒さで休眠・生育停止中です。アロエやカランコエのほか、クラッスラの一部の種類は開花します。

春秋型種　多くの種類は休眠・生育停止中ですが、日当たりのよい暖かい室内ではゆっくりと生育し始める株も出てきます。耐寒性の強いセダムやセンペルビウムなどは、戸外の厳しい寒

さのなかで紅葉または落葉しています。

冬型種 多くの種類が、旺盛に生育します。冬型メセン類には、花を咲かせながら生育する種類もあります。

● **主な作業**

夏型種、春秋型種 室内で管理している株の作業は、特にありません。戸外で管理しているセダムやセンペルビウム、アガベなどは、植え替えや、寄せ植えづくりを行えます。

冬型メセン類の神風玉（ケイリドプシス）。
午後3時ごろを過ぎると、花が閉じる。

カランコエの花茎切り

カランコエの花芽は通常、茎の先端につき、花が咲くとその茎はそれ以上伸びずに分枝します。咲き終わった花がらは見苦しいだけでなく、そのままにすると株が消耗します。8割程度咲き終わったら、花茎をつけ根の少し上で切り取りましょう。

冬型種 植え替え、株分け、切り戻し、さし木、葉ざしが行えます。

● **置き場**

夏型種、春秋型種、冬型種 最低温度5〜8℃以上の、室内の日当たりのよい場所で管理しま

1月

カランコエの花茎切り

8割程度咲き終わったら、花茎をつけ根の少し上で切り取る。

強い寒波で冷え込む夜は、寒さに当てないように窓辺から部屋の中央へ鉢を移動させます。徒長を防ぐため、できるだけ長い時間日ざしが当たる場所を選びましょう。風通しがよく、湿度が高くならない場所であることも重要です。暖房器具の温風が直接、当たると蒸散が激しくなり、株が弱るので注意します。

ハオルチア、ガステリアは通年、室内の明るい半日陰で管理します。あまり日の当たらない場所に自生していることが多いため、多肉植物としては珍しく、強い光を避けて管理します。

戸外の直射日光下でもすぐに枯れることはありませんが、生育が徐々に悪くなります。特にハオルチアは室内の明るい半日陰で通年、湿度を少し高めに管理するとその特徴的なみずみずしさが楽しめます。

寒さに強い、セダムやセンペルビウムなどは戸外の日なたで管理します。

● 水やり

夏型種 行いません。特に高温性のアデニウムやパキポディウム、ドルステニアなどに水を与えると寒さで傷むので、完全に断水します。

春秋型種 室内で管理している種類には、水やりは行いません。1か月に1〜2回、ハス口をつけたジョウロで葉水を与えます。夜の冷え込みが厳しいため、晴れた日の午前中に与え、夕方までには用土が乾くぐらいの量が目安です。

59

冬越し中の置き場（夏型種、春秋型種、冬型種）

室内の日当たりのよい場所で管理し、暖房器具の温風には直接、当てないようにする。

根腐れを防ぐため、鉢の受け皿に水がたまらないように心がけましょう。

戸外で管理している株は、用土の表面が乾いたらたっぷりと水を与えます。雨ざらしで用土が常に湿っている状態でもかまいません。

冬型種 用土の表面が乾いたら、暖かい日の午前中に水をたっぷりと与えます。冬型メセン類のうち、オフタルモフィルムなどは水分が多すぎると身割れ（74ページ参照）を起こすので、水の与えすぎに注意しましょう。

● **肥料**

夏型種、春秋型種 施しません。

冬型種 緩効性化成肥料を少量施します（液体肥料でもよい）。肥料分は水に溶けた状態でないと植物に吸収されません。用土の表面が長く乾燥していると、肥料を置いただけではよく効かないことがあるので、肥料を用土に埋めるように施します。

● **病害虫の防除**

室内で管理している株にカイガラムシが発生することがあります。株の表面を傷つけない程度の硬さの歯ブラシなどでこすり落とし、水で洗い流しましょう。

2月

夏 型 種　休眠・生育停止期　水やり×　肥料×
春秋型種　休眠・生育停止期　水やり×（葉水○）　肥料×
冬 型 種　生育期　水やり○　肥料○

鮮やかな覆輪の葉をロゼット状に展開する、アエオニウム'サンバースト'。

2月の多肉植物

1月に比べると日ざしが少し強くなったように感じますが、厳しい寒さが続きます。生育型によって、旺盛に育つ種類、休眠・生育停止する種類にはっきりと分かれます。

夏型種　ほとんどの種類が休眠・生育停止中です。アロエやクラッスラ、カランコエの仲間は開花していても芽は動きません。開花しているからといって、水や肥料を与えないようにしましょう。ユーフォルビアやアガベ、アデニウム、パキポディウムなどはまだまだ休眠・生育停止

中です。

春秋型種 多くの種類は休眠・生育停止中です。ハオルチアやクラッスラ、エケベリアなどのなかには、ゆっくりと生育し始める株も出てきます。2月中旬以降は日ざしが次第に強くなり、戸外で管理しているセダムやセンペルビウムなどの新芽が動き始めます。

冬型種 旺盛に生育する時期です。花を咲かせる種類も多くあります。外見上の変化はありませんが、冬型メセン類のコノフィツムなど、秋に脱皮する種類は前年のうちに株の中に新球（新芽）が形成されています。リトープスやケイリドプシスなども、それぞれの脱皮のタイミングに向けて株の中の新球が大きく育つ時期です。

日当たりのよい場所で水と肥料を定期的に与えると、アエオニウムやセネシオなどが大き

夏越し用の苗づくり

植えつけ用土（119ページ参照）にさし、予備の苗にする。

芽の先をハサミで切り、さし木のさし穂にする。

過湿や暑さを嫌う、矮性の小人の祭（アエオニウム）。

く立派に育ちます。冬型種は夏越しを簡単にするためにも、この時期に株をできるだけ充実させましょう。

● 主な作業

夏型種 花後に花茎切り（58ページ参照）を行います。

春秋型種 新芽が動きだした株は、植え替え、株分け、さし木、切り戻しが行えます。

冬型種 植え替え、株分け、切り戻し、さし木、葉ざしが行えます。冬型メセン類は花がらを放置すると、水やりの際に株の表面に張りついてしみの原因になります。花がらは手で取り除いてください。

夏越し用の苗づくり

夏に休眠・生育停止するアエオニウムやセネシオは、梅雨どきから晩夏に過湿や暑さで株が傷んでしまうことがあります。株が枯れてしまったときのために、この時期に予備の株を用意しておくとよいでしょう。鉢の表面から水分が蒸散しやすい素焼き鉢に植えておくと、気化熱による冷却効果が期待でき、夏越しが容易になります。

センペルビウムの植え替え

❶ ビニールポットいっぱいに育った、植え替えが必要なセンペルビウム。

❷ 写真のように、根鉢を2/3ぐらいくずし、枯れ葉を取り除いてから植えつける。

● 置き場

夏型種、春秋型種 室内の日当たりのよい場所で管理します。寒さに強いセダムやセンペルビウムなどは戸外の日なたで、ハオルチア、ガステリアは室内の明るい半日陰で管理します。

冬型種 室内の日当たりのよい場所で管理します。窓辺で管理すると、太陽に向かって伸びて株が傾いてしまうので、1週間に1回、鉢を180度回転して株にまんべんなく日が当たるようにします。

2月中旬を過ぎると日ざしが徐々に強くなり始め、閉めきった室内が暖かくなりすぎることがあります。高温になる日が続くと、冬型種が早めに休眠・生育停止の準備を始めてしまうため、日中は定期的に窓を開けて通風を図るようにしましょう。

窓辺で管理する際の注意点

冬の間は日当たりのよい窓辺で管理する。草姿が乱れるのを防ぐため、1週間に1回180度回転させ、まんべんなく光を当てる。虹の玉（セダム）など、茎が柔らかい種類は特に注意。

● 水やり

夏型種、春秋型種 行いません。2月中旬以降、日当たりのよい密閉された室内では、日中に高温になって新芽が動きだすこともあります。水を与えると夜間の冷え込みで株が傷んだり、徒長したりすることがあるため、断水を続けて休

眠・生育停止状態を維持しましょう。室内で管理している春秋型にのみ、1か月に1〜2回、ハス口をつけたジョウロで葉水を与えます。
セダムやセンペルビウムなど、戸外で管理している寒さに強い春秋型種は用土の表面が乾いたら水をたっぷりと与えます。雨ざらしにして、用土が常に湿っていてもかまいません。新芽が動きだした株は、用土が乾燥しないようにしましょう。

冬型種 用土の表面が乾いたら、暖かい日の午前中に水をたっぷりと与えます。冬型メセン類は用土の表面が乾いたら3〜4日待って水をたっぷりと与え、水のやりすぎによる身割れに注意します。

● **肥料**

夏型種 施しません。

春秋型種 新芽が動き始めた株にのみ、緩効性化成肥料を少量施します（液体肥料でもよい）。

冬型種 緩効性化成肥料を少量施します（液体肥料でもよい）。

● **病害虫の防除**

1月に準じますが、室内で管理している冬型種の用土が常に湿っていると、キノコバエの幼虫が発生して、根や株元を食害します。特に腐葉土やピートの多い用土を使用すると発生します。用土がしっかりと乾燥してから水やりを行うことで、ある程度は発生を抑えることができます。被害が長引く場合は、古い用土を完全に落とし、新しい用土で植え替えましょう。

新芽や花芽の柔らかい部分にアブラムシが発生した場合は、浸透移行性の殺虫剤を散布します。

「園芸名」ってなに?

● 園芸名誕生の背景

多くの多肉植物には「園芸名」という特殊な名前があり、主に漢字で表記します。園芸名の誕生には、海外の自生地で採取された野生種を同定(属や種の見極め)できないまま、大量に導入したことが影響しています。同定できなかったため、流通名、販売名としてつけた名前がそのまま定着し、園芸名となっているのです。

同定できても和名がない、和名があってもインパクトのある名前が必要などの理由で、園芸名がつけられているケースもあります。同じ園芸名が異なる多肉植物につけられている場合もあり、混乱の要因になっています。

● 先達のセンスを楽しむ

安易に名づけられた園芸名、感心しない園芸名もありますが、唐印（とういん）（導入当時はカランコエ・シルシフローラと同定されていた）のように、属名の「カラ」と種小名の「シルシ」に由来すると思われる園芸名もあります（真偽のほどは不明）。先達のセンスに感服する園芸名も数多く、由来を考えるのも楽しいものです。

個人的に好きな園芸名は、メセン類のギバエウム・ディスパー（*Gibbaeum dispar*）につけられた「無比玉（むひぎょく）」です。「同等のものがない」を意味する種小名に由来し、見事です。セダム・パキフィルム（*Sedum pachyphyllum*）の「乙女心」は草姿に由来し、葉先が赤く染まる特徴をうまく捉えています。

まさに無比玉といった趣のギバエウム・ディスパー。

3月

夏 型 種　休眠・生育停止期　水やり×　肥料×
春秋型種　生育緩慢　水やり△　肥料×
冬 型 種　生育期　水やり○　肥料○

生育を始めた、黄葉のセダム・アクレ'イエロー・クイーン'(*Sedum acre* 'Yellow Queen')。

3月の多肉植物

寒暖を繰り返しながら徐々に暖かくなり、多肉植物の動きにも春の訪れが感じられるようになります。

夏型種　多くの種類は休眠・生育停止中です。比較的寒さに強い、キダチアロエやクラッスラ(花月ほか)などがゆっくりと生育を始めます。パキポディウムのなかでも早咲きの恵比須笑いなどは蕾を上げ始めます。

春秋型種　徐々に生育し始めます。この時期に花芽を伸ばす種類も多く、毎日の観察や管理が

67

楽しい季節です。戸外のセンペルビウムやセダム、オロスタキスは堅く締まった冬芽の状態から、新芽がだんだんとふくらみ始めます。

冬型種 生育期が終わりに近づきますが、引き続き旺盛に生育し株が充実します。アエオニウムは鮮やかなロゼットが大きく整い、セネシオはよく分枝しながら伸びて、変化のある葉色が目を引きます。冬型メセン類は株が充実し、夏の休眠・生育停止に向けて準備を始めます。

● **主な作業**

夏型種 4月に植え替えを行う予定の大株のコーデックスは、株に含まれる水分を減らして植え替え後に腐りにくくするため、鉢から抜いて乾燥させておいてもよいでしょう。

春秋型種、冬型種 植え替え、株分け、切り戻し、さし木、葉ざしが行えます。

コーデックスの植え替え準備

❶ 4月に植え替える予定のアデニウムの交配種。

❷ 植え替え時にできる傷で腐ってしまうこともあるので、大きな株は鉢から抜いて用土を落として乾燥させておく。

● **置き場**

夏型種 室内の日当たりのよい場所で管理します。ガステリアは室内の明るい半日陰で管理します。

春秋型種、冬型種 室内の日当たりのよい場所

りんご火祭り（クラッスラ）の発色の違い。きれいに色づいた株（左）と、発色が悪い株（右）。低温、低肥料、多光量にするとよく発色する。

で管理します。日光が長時間当たる、風通しのよい場所が理想です。晴れた日の日中は戸外に出し、日によく当てるようにします。室内の環境に慣れている株を急に直射日光に当てると葉焼けを起こすので、段階的に日光に慣らすようにしましょう。夜間は冷え込むので、夕方以降は室内に取り込みます。

冬型メセン類は特に風通しがよい場所で管理し、生育期後半のこの時期に株をできるだけ充実させます。低温下で用土の過湿が続くと、根腐れを起こします。降雨が続くときは、雨の当たらない軒下などに移動させたほうがよいでしょう。

セダムやセンペルビウムなど耐寒性のある種類は、梅雨入り前までは雨ざらしでかまいません。ハオルチアは室内の明るい半日陰で管理します。

● 水やり

夏型種　行いません。

春秋型種、冬型種　用土の表面が乾いたら水をたっぷりと与えましょう。春秋型種は水やりの回数を徐々にふやします。エケベリアやパキフィツムは水をたっぷりと与えると、新葉の展開が早くなり、夜間の低温できれいな発色が楽

しめます。冬型メセン類は根腐れを防ぐため、用土の表面が乾いてから4～5日待って水をたっぷりと与えてください。

● 肥料

夏型種、春秋型種 施しません。

一般に多肉植物の発色は低温、低肥料、高光量の3つの条件がそろうと鮮やかに現れます。エケベリアやクラッスラ、セダム、グラプトペタラムなどは、チッ素分が多いと紅葉色（秋の深まりとともに、葉などが色づくこと）や発色がくすんでしまうので注意しましょう。

冬型種 肥料切れを起こしている株、積極的に大きく育てたい株には、緩効性化成肥料を少量施します（液体肥料でもよい）。

● 病害虫の防除

2月に引き続き、カイガラムシ、アブラムシ、キノコバエの幼虫の食害に注意します。サボテンネカイガラムシ（ネジラミ）が根に発生すると、株の生育が悪くなるおそれがあります。虫がついた部分を手でこすり落とすか切り落としたうえで、植え替えましょう。希釈した殺虫剤を用土に灌注しても効果があります。

戸外で管理しているエケベリアやクラッスラの葉の表面に黒い斑点が出ることがありますが、これはカビによる斑点病で、低温と過湿が原因です。雨に直接当てないなど、湿度を低く管理することで対処できます。

カランコエの根に発生したサボテンネカイガラムシ（ネジラミ）。

4月

夏型種　生育緩慢　水やり△　肥料×
春秋型種　生育期　水やり○　肥料○
冬型種　生育期　水やり○（中旬以降×）

美しいピンクにほんのりと色づいたエケベリア'デレンセアナ'（*E.* 'Derenceana'）。

4月の多肉植物

本格的な春の到来で日中の気温が上がりますが、夜温が適度に下がります。

夏型種　休眠・生育停止状態から目覚め始めます。パキポディウムが鮮やかな黄花を咲かせ、アロエや夏型のクラッスラなども活発に育ち始めます。アデニウムやアデニア、ドルステニアなど、高温性の種類も新芽が動きだしますが、旺盛に伸び始めるのは夜温がもう少し高くなってからです。

春秋型種　エケベリアやパキフィツム、グラプ

トペタラムなどが旺盛に育って鮮やかに発色し、一部の種類は開花し始めます。セダムやセンペルビウムは冬の紅葉色から春の生育色に変わり始め、1年で最もきれいな時期を迎えます。ハオルチアの軟葉系の種類は、水分をたっぷりと含んでみずみずしい姿になります。

冬型種 夜温が下がるため、まだまだ休眠・生育停止には向かいません。アエオニウムやセネシオなどが旺盛に生育します。ウンビリクスは花芽を上げ始め、ダドレアの一部の種類が開花します。冬型メセン類は休眠・生育停止に向けて株がさらに充実します。

● **主な作業**

夏型種、春秋型種 春秋型種のすべてと、夏型種の生育を始めた株は、植え替え、株分け、切り戻し、さし木、葉ざし、タネまきが行えます。

冬越し中に徒長したり、下葉が落ちたりして見苦しくなった株は、植え替え、株分け、切り戻し、さし木などで仕立て直しましょう。ふだんは失敗しがちな作業でも、陽気のよい4月に作業を行うと驚くほどうまくいくことが多いものです。生育期の初めに作業を行うことで順調に育ちます。作業は晴れが何日か続くときを見計らって行うようにしましょう。

ブロンズ姫（グラプトセダム）の切り戻し

茎が長く伸びて、下葉が落ちた株。短く切り戻し、必要に応じて植え替え、株分け、さし木を行って仕立て直す。

冬型種 4月上旬までは3月に準じます。中旬以降は作業は行いません。

● 置き場

室内で管理していた株を、徐々に日光に慣らしながら、戸外の日なたへ移動させます。草姿や色合いは、室内で管理するか、戸外で管理するかでまったく変わります。多肉植物本来の精悍な草姿や発色を楽しむためには、日がよく当たる、風通しのよい場所を選んでください。急激な環境の変化による、葉焼けや根傷みには十分気をつけましょう。遅霜のおそれがあるうちは、夜間は室内に取り込みます。

夏型種 特に高温を好むアデニウムやユーフォルビアなどは、日中なるべく長い時間暖かくなる室内に置くとよいでしょう。ガステリアは室内の明るい半日陰で管理します。

春秋型種 戸外の環境にさえ慣れてしまえば、雨ざらしでも問題なく育ちます。ハオルチアは室内の明るい半日陰で管理します。

冬型種 休眠・生育停止に向けて、日中なるべく涼しく、風通しのよい場所で管理します。

室内で冬越しさせていた株を、戸外の風通しのよい日なたに移動させる。湿気や病害虫を防ぐため、土の上に置かず、コンクリートの床やコンクリートブロックの上などに置く。

● 水やり

夏型種、春秋型種、冬型種 生育している種類

には、用土の表面が乾いたら水をたっぷりと与えます。例外として冬型メセン類のコノフィツムやリトープスなどは、身割れや二重脱皮を防ぐため、水の与えすぎに注意します。高温性の夏型種は生育が緩慢なので、やや乾かし気味に管理して根腐れに注意します。

イソウ科などの花が多く咲く時期でもあるので、花粉を好むアザミウマの食害にも注意します。また、長時間乾燥している環境ではハダニも発生します。株全体や葉裏に水がよくかかるようにすると被害が軽減されることもありますが、必要に応じて殺ダニ剤を散布します。これらの害虫は花芽や新芽など、新しく柔らかい部分を好むので、重点的に観察しましょう。

● **肥料**

夏型種、春秋型種、冬型種 生育している株にのみ、緩効性化成肥料を少量施します（液体肥料でもよい）。冬型メセン類は休眠・生育停止の準備を始めているので施しません。

● **病害虫の防除**

3月に引き続き、カイガラムシ、アブラムシ、キノコバエの幼虫、サボテンネカイガラムシなどに注意し、見つけしだい防除します。ベンケ

水のやりすぎによる、冬型メセン類の症状

（上）身割れを起こしたコノフィツム・ビロブム（*C. bilobum*）。（下）二重脱皮したリトープス。

特殊な発展を続ける玉扇、万象

●古典植物的な多肉植物

ハオルチアの、玉扇（*Haworthia truncata*）と万象（*H. maughanii*）は、日本で独自の発展を遂げた数少ない多肉植物です。かつては、ほかのハオルチアと同じような扱いでしたが、1980年以降に野生種が大量に輸入され、選抜、育種が始まったのを機に状況が大きく変わりました。

どちらも窓（葉の一部の、平面になった部分）に美しい模様が入るのが特徴です。模様がはっきりとしない個体は安価ですが、模様に特徴があるものは非常に高価です。

銘品とされる個体は常に品薄で、投機的な値段がつけられています。模様の形、色、大きさ、質感、凹凸の個体差を楽しむため、おのずとコレクションすることになります。古典園芸植物に通じる魅力を備えているといえます。

●欧米では評価されない

どちらも成長が著しく遅く、タネをまいてから特徴が現れ始めるまでに4年以上かかり、じっくりとつくり込んだ株姿を楽しみます。興味をもつのは熱心な愛好家が中心です。

欧米（東欧の一部を除く）では、高価であること、小さすぎること、個体差を楽しむことをしないなどの理由で、残念ながらほとんど評価されていません。

クンシランや東洋ランなど、古典園芸植物の魅力を解する東アジア（中国、韓国ほか）では人気を博しています。

東洋ラン用の塗り鉢に植えられた、万象のコレクション。

5月

夏 型 種　生育期　水やり◯　肥料◯
春秋型種　生育期　水やり◯　肥料◯
冬 型 種　生育緩慢　水やり△　肥料×

センペルビウム'ガゼル'（*S.* 'Gazelle'）

5月の多肉植物

晴れた日が続き、だんだんと強くなる日ざしのなかで多くの種類が旺盛に育ちます。夜温も高くなります。

夏型種　ほとんどの種類が生育し始めます。アロエやアガベ、ユーフォルビアは生育緩慢ですが新葉を展開し始め、フォッケアやアデニアはつるを伸ばし始めます。パキポディウムなどは花盛りになります。

春秋型種　ほとんどの種類が生育中です。エケベリアやパキフィツム、セダムが旺盛に生育し

ます。遅咲きの種類は花を咲かせ、目を楽しませてくれます。紅葉色から生育色に変わるセンペルビウムは1年の中で最もきれいに発色し、子吹きや分頭も活発になります。

冬型種 アエオニウムやセネシオは引き続き旺盛に生育しますが、冬型メセン類の一部はすでに休眠・生育停止に入り始めています。コノフィツムやオフタルモフィルムのなかには株の表面が黄色に変色し、乾燥によってしわが寄り始めるものが出てきます。

エケベリアの人工授粉

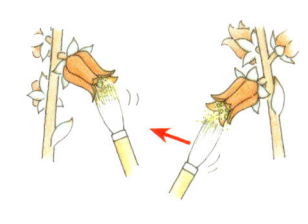

自家受粉しにくいので、タネをとる場合は、ほかの株の花粉を雌しべにつける。筆などを使って行うとよい。

5月

● 主な作業

夏型種、春秋型種 気温が安定しているので、植え替え、株分け、切り戻し、さし木、葉ざし、タネまきが行えます。植えっぱなしで生育が鈍っている株、草姿が乱れた株は、せっかくの生育期間を無駄にしないため、早めに植え替え、切り戻しを行いましょう。水を与えても生

果実が赤く色づいた瑠璃晃（ユーフォルビア）。タネが飛び散るので、茶こし袋などをかぶせておくとよい。

育しない株は、根が傷んでいるおそれがあります。傷んだ根を切り、数日乾かしたあとに新しい用土で植え替えてください。

生育し始めた種類は、根が活発に張る時期です。寄せ植えづくりの適期でもあります。生育型の似ている種類をさまざまな色や形で組み合わせると、簡単な管理で長い間楽しめます（56ページ参照）。

冬型種 夏の休眠・生育停止が近づいているので、作業は行いません。

紫晃星のタネまき

多肉植物の花が咲いたら受粉作業を行い、できたタネをまいてみましょう。ベンケイソウ科など、多くの種類のタネはとても細かく扱いにくいので、最初は比較的タネが扱いやすい大きさで丈夫な紫晃星（トリコディアデマ、夏型メセン類）などのタネをまいてみるとよいでしょう（タネのとり方は107ページ参照）。

タネまき用土は多肉植物の植えつけ用土（119ページ参照）を使用します。粗い粒が多い場合は、中目のふるいにかけた植えつけ用土を、1cmぐらいの厚さになるように上から足してから、タネをまきます。タネをまいてから発芽がそろうまでの1週間程度は腰水で管理して湿度を高く保ち、その後徐々に通常の栽培環境に

紫晃星のタネまき
[適期＝3月中旬〜6月]

紫晃星（トリコディアデマ・デンスム *Trichodiadema densum*）は丈夫で、比較的タネがとりやすい。タネの大きさは1mm程度。3号ポットに用土を入れて湿らせ、ひとつまみ程度のタネを均一にまく。

ら、3号ポットに10本ずつ定植します。本葉が3〜4対展開したら慣らしていきます。

● 置き場

夏型種、春秋型種 生育期を迎えている種類は日なたで管理します。風通しのよい場所で管理すると、締まった株姿になります。日ざしが強くなるので鮮やかな発色を楽しめるものの、環境の急激な変化で葉焼けを起こすおそれもあるので注意が必要です。室内から戸外に移動させた直後や、風通しが悪い環境では、特に注意しましょう。ハオルチア、ガステリアは室内の明るい半日陰で管理します。

冬型種 雨の当たらない場所で管理します。西日が当たって終日高温になる場所では、早めに休眠・生育停止に入ってしまいます。午後少し早めに日陰になる、涼しい場所に移動させ、生育期をなるべく長く確保しましょう。冬型メセン類のうち、表皮が黄色くなったりしわが寄ってきたりした株は、終日なるべく涼しい、風通しのよい場所に置きます。

● 水やり

夏型種、春秋型種 旺盛に育てる場合は、用土の表面が乾いたら水をたっぷりと与えます。

冬型メセン類の鳩笛（コノフィツム）。高温、乾燥、強光線に当てて、皮が黄色になった株（奥）と、緑色の正常な株（手前）。

しっかりと根を張った株が水を吸うことで、生育期のみずみずしい美しさを楽しむことができます。大きく育てずに小さなサイズのまま楽しみたい場合は、乾かし気味に管理します。

冬型種 少なめに与えます。冬型メセン類のうち、表皮が黄色くなったりしわが寄ってきたりした株は、徐々に水やりを減らします。乾かし気味に管理すると、夏越しで失敗しにくくなります。

● **肥料**

夏型種、春秋型種 緩効性化成肥料を少量施します（液体肥料でもよい）。鮮やかな発色をしているベンケイソウ科の種類（クラッスラやエケベリアなど）に肥料を施すと、発色が悪くなるので施しません。

冬型種 施しません。夏の休眠・生育停止に向かうこの時期に肥料を施すと、旺盛に育つものの株が軟弱になり、夏越しに失敗するおそれがあります。

● **病害虫の防除**

4月に引き続き、カイガラムシ、アブラムシ、キノコバエの幼虫、サボテンネカイガラムシ、アザミウマ、ハダニが発生することがあります。

被害を与える害虫の種類や発生時期は、多肉植物の種類によって違います。例えば、ハオルチア・オブツーサはキノコバエの幼虫の被害を受けやすいものの、ほかの害虫はほとんど発生しません。ユーフォルビアは初夏にハダニが発生しやすくなります。日々の観察を積み重ねていくことで注意すべきポイントが予測できるようになり、対応もしやすくなります。

微細なタネのとり方、まき方

① エケベリアの果実。枯れ始めたら採取する。結実させるには、人工授粉が必要（77ページ参照）。

② 果実の中にあるタネを、花がらごと指先で細かくつぶす。

③ 目の細かい茶こしで、花がらとタネを分ける。タネは細かいので、落ちる。

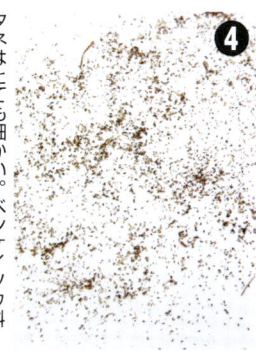

④ タネはとても細かい。ベンケイソウ科のタネはどれもほぼ同じサイズ。

⑤ あらかじめ湿らせた用土（中目でふるったピートモスなど）に、指先でもむようにして、タネをまく。

⑥ 発芽するまでは腰水にして、北向きの明るい窓辺などで管理する。発芽後は腰水を止める。

6月

夏 型 種　生育期　水やり○〜△　肥料○
春秋型種　生育期　水やり○〜△　肥料×
冬 型 種　休眠・生育停止期　水やり×（必要に応じて葉水）
肥料×

通年、室内の明るい半日陰で管理するハオルチア・ダビディー（*H. davidii*）。

6月の多肉植物

6月上旬までは晴れて暖かい日が続き、日ざしも強くなりますが、6月中旬以降は湿度に気をつかう梅雨に入ります。

夏型種　旺盛に生育します。日ざしはかなり強くなってきて、今まで緩慢な生育をしてきた夏型種のユーフォルビアやアデニウムは新芽の展開が活発になり、幻蝶かずら（アデニア）や火星人（フォッケア）などもつるをどんどんと伸ばします。

ドルステニアは新葉を展開しながら花を咲

春秋型種 旺盛に育ちますが、梅雨から真夏にかけての夏の休眠・生育停止に備える大事な時期です。水や肥料を少なめにして、しっかりと締まった株に育てます。

冬型種 気温が上がるにつれて生育が徐々に緩慢になり、休眠・生育停止に入ります。ひと口に休眠・生育停止といってもその形態はさまざまです。冬型メセン類のコノフィツムやオフタルモフィルムは乾燥で表面にしわが寄って黄色くなりますが、リトープスやフェネストラリアなどは生育期そのままの姿で休眠・生育停止します。亀甲竜（ディオスコレア）やチレコドン、オトンナなどは葉が黄色くなり、その後落葉しますが、アエオニウムやモナンテス、セネシオなどは葉をつけたまま新葉の展開が止まります。

冬型種のモナンテス・ブラキカウロス（*Monanthes brachycaulos*）。気温が上がると、徐々に生育を停止する。

JBP-M.Tanaka

● **主な作業**

夏型種 植え替え、株分け、切り戻し、さし木、葉ざし、タネまきが行えますが、梅雨入り後は切り口や傷口が乾きにくく、作業後に腐ってしまうことがあります。タネまき以外の作業は梅雨入り前に行いましょう。

春秋型種 夏越し用の予備の株をつくるための株分け、さし木、葉ざしを、梅雨入り前に行かせます。

ます。梅雨入り後は、作業は行いません。梅雨入り後に行うと、十分発根しないうちに夏を迎え、夏越しがかえって困難になります。

冬型種 作業は行いません。

● **置き場**

夏型種 強い光を好むアガベ、アロエ、ユーフォルビアなどは戸外の日なたで直射日光に当てて管理します。梅雨入り前であれば雨ざらしでもかまいません。

梅雨入り後は、雨の当たらない、風通しのよい日なたで管理します。なるべく根のまわりが乾燥するように心がけ、雨粒のはね返りなどで株や用土が濡れないように注意しましょう。

ガステリアは室内の明るい半日陰で管理します。

春秋型種 戸外の風通しのよい日なたで、締まった株に育てます。エケベリアの一部、セダムの一部には、暖かい時期の強い日ざしを嫌う高山性の種類もあります。これらは20〜30％程度の遮光をすると梅雨入りまで無理なく生育を続けます。強光線を好まないハオルチアは、室内の明るい半日陰で管理します。

梅雨入り後は夏型種同様、雨の当たらない、風通しのよい日なたに移動させます。

梅雨どきの置き場（夏型種、春秋型種）

梅雨の間は、雨の当たらない、風通しのよい日なたで管理する。雨のはね上がりを防ぐため、台の上などに置くとよい。冬型種は雨の当たらない半日陰で管理。

センペルビウムの強制子吹き

センペルビウムが開花すると、花をつけた株は枯れ、株元の子株が大きく育ちます。株元に子株がない場合は、開花させるとすべて枯れてしまうので、開花前に花茎を切って子株の発生を促します。

冬型種 雨の当たらない場所に移動させます。生育を休んでいる株に直射日光が当たると葉焼けを起こしたり、株が枯れてしまったりすることがあります。明るい半日陰で管理します。

センペルビウムの強制子吹き
[適期＝春〜秋]

子株

株元に子株がない状態で、花茎が伸び始めたら、長く伸びる前に花茎を元から切る（左）。しばらくすると、花茎の切り口付近から、子株が複数吹き、群生する（右）。

● **水やり**

夏型種、春秋型種 梅雨入りするまでは、用土の表面が乾いたら水をたっぷりと与えます。梅雨入り後は根腐れや株の蒸れの原因になる用土の過湿を避けるため、乾かし気味（用土が完全に乾いてから2〜3日後に、1週間程度で乾く量の水を与える）に管理します。遮光していない種類は梅雨入り前から乾かし気味に管理します。

冬型種 行いません。乾燥に弱い種類には、月に1〜2回葉水を与えます。

6月

85

● **肥料**

夏型種 旺盛に育っている株には緩効性化成肥料を少量施します（液体肥料でもよい）が、根が十分に張っていることを確かめてから施しましょう。ポット上げ前の小さな実生苗には、規定倍率の2～3倍に薄めた液体肥料を施します。

春秋型種 株を堅く丈夫に育てるため、施しません。6月に肥料を施すと徒長します。

冬型種 休眠・生育停止中、または休眠・生育停止に向かっているため、施しません。

● **病害虫の防除**

5月に引き続き、カイガラムシ、アブラムシ、キノコバエの幼虫、サボテンネカイガラムシ、アザミウマ、ハダニに注意が必要です。ヨトウムシやナメクジの被害を受けるのもこのころ

です。花芽や新芽の柔らかい部分が食べられてしまうことが多いので、見つけたら捕殺するか浸透移行性の殺虫剤を散布します。

梅雨どきにはカビによる斑点や、軟腐病が発生することがあります。株を掘り上げて傷んだ部分を切り取り、健全に育っている部分だけを残します。扇風機の風を当てて乾燥させ、梅雨明けごろに植えつけるとよいでしょう。

火祭り（クラッスラ）に発生した、斑点とコナカイガラムシ。斑点は風通しをよくし、過湿を避けることで、発生を抑えることができる。

さらに珍奇な「綴化」を楽しむ

●愛好家が支持する奇妙な姿

綴化（帯化ともいう）は、成長点が帯状に広がった突然変異です。多くの園芸植物に綴化品種がありますが、多肉植物にも多数存在します。もともとユニークな姿をした多肉植物が綴化することで、さらに珍奇な姿になります。

アエオニウム、アガベ、エケベリア、セダム、セネシオ、パキポディウム、ユーフォルビアなどの綴化品種が普及していますが、主に愛好家に人気が高く、一般園芸家にはあまり人気がありません。

●大きく育てて観賞したい

綴化の度合いには強弱があり、強いと扇がうねったような姿になります。大きく育てると独特の存在感を放ち、見ごたえたっぷりです。生育が早いものは枝戻りを起こしやすく、放置すると綴化していない部分ばかりになってしまいます（44ページ参照）。

ユーフォルビアの綴化品種は発根が遅く、発根しても根の量が少ない、根腐れを起こしやすい、管理が難しいなどの理由で、つぎ木でふやされています（台木はE・エノプラ、白樺麒麟など）。パキポディウムなども同様の理由で、つぎ木でふやされています。エケベリア、グラプトペタラム、セダム、センペルビウムなど、ベンケイソウ科の多肉植物は綴化品種をさし木で簡単にふやすことができます。つぎ木したものはまったく見かけません。

JBP-Y.Hiruta

セネシオ・グレゴリーの綴化品種。
正常個体（7ページ参照）との違いに驚かされる。

7月

夏 型 種　生育期　水やり○　肥料○
春秋型種　休眠・生育停止期　水やり×（葉水○）　肥料×
冬 型 種　休眠・生育停止期　水やり×（必要に応じて葉水）　肥料×

アデニウムの鮮やかな濃いピンク花。

7月の多肉植物

7月上旬までは梅雨が続きますが、7月中旬には梅雨が明けて暑い夏を迎えます。

夏型種　強い日ざしを受けてユーフォルビアやアガベ、アロエ、ディディエリアなどが旺盛に生育します。ウンカリーナやパキポディウムなどのコーデックスも、葉やつるを茂らせながら太い基部を充実させていきます。

春秋型種、冬型種　高温多湿に弱く、休眠・生育停止中です。休眠・生育停止の度合いは種類によって差があります。アエオニウムやセネシ

オ、ダドレアなどは風通しのよい涼しい日陰で管理すると、ゆるやかに生育を続けます。センペルビウムやオロスタキス・スピノーサ、多くのセダムは夏に水を与えると生育するものの腐りやすくなるので、断水して半ば強制的に休眠・生育停止させます。チレコドンやオトンナ、ほとんどの冬型メセン類はどのような管理をしてもまったく生育しません。

● **主な作業**

夏型種 旺盛に育っている株は植え替え、株分け、さし木、タネまきが行えます。根腐れを起こした株は、傷みが少ない段階であれば鉢から抜いて傷んだ部分を取り除き、傷んでいない部分を乾燥させて株の再生を図ります。

春秋型種、冬型種 作業は行いません。

冬型メセン類の夏の管理

夏の休眠・生育停止期に雨に当てず、用土を乾燥させておくことが最も重要なポイントです。50％以上の遮光をした屋根の下、または軒下などに移動させ、風通しのよい涼しい環境を整えます。風通しの悪い場所では扇風機の弱い風を当ててもよいでしょう。水は与えませんが、月に1〜2回、一晩で乾くぐらいの量の葉水を夕方に与えます。断水中は生育しないので、日照不足による徒長のおそれはありません。

● **置き場**

用土の過湿や通気不足による根腐れに注意が必要です。鉢と鉢の間隔をあけて風通しをよくし、夕方から夜間に打ち水を行って株のまわりの温度を下げ、なるべく涼しく管理すること

で被害を最小限に抑えることができます。

夏型種 多くの種類は戸外の日なたで直射日光に当てて管理します。小型アロエの一部やクラッスラ、コチレドン、断崖の女王（シンニンギア）、ドルステニアなど、強い光をあまり必要としない種類は、真夏に戸外で育てると日に焼けて葉色があせ、生育が鈍ることがあります。このような種類は30〜40％程度の遮光をするか、午後早い時間帯に日陰になる場所で管理すると夏の間中、順調に育ちます。ガステリアは室内の明るい半日陰で管理します。

春秋型種、冬型種 直射日光が当たらない、戸外の明るい半日陰に移動させて夏越しさせます。風通しのよい、なるべく涼しい場所を選びましょう。雨に当てず、降雨時や水やりの際にはね返りなどで濡らさないように注意します。ハオルチアは室内の明るい半日陰で管理し

ます。ハオルチアやガステリアは、冷房が効いた室内で管理すると夏の間も生育しますが、問題ありません。

● **水やり**

夏型種 用土の表面が乾いたら水をたっぷりと与えます。日中の一番暑い時間帯に株が濡れていたり、ロゼットに水がたまっていたりすると、蒸れで葉が傷みます。水やりは夕方や夜間に行うとよいでしょう。パキポディウムやアデニウム、アデニアなど、強い光を好む夏型種は水はけのよい用土を使用していれば、雨ざらしでもかまいません。水分が抜けやすく、かつ地面からの湿気が下から伝わらないように栽培棚やブロックなどの上に置くとよい水はけが悪いと根腐れを起こしやすいので注意が必要です。

春秋型種、冬型種 行いません。暑い時期に水を与えると、蒸れて枯れやすくなります。乾燥に弱い種類には、月に1～2回葉水を与えます。

に湿度も高くなるので、環境によってはカビや細菌が繁殖しやすくなります。

夏の高温期にはハダニやアザミウマなど、小さくて肉眼では見つけにくい害虫が発生しやすいので気をつけます。柔らかい新芽や花芽などの食害に気をつけ、必要に応じて殺虫剤を散布します。

● **肥料**

夏型種 緩効性化成肥料を少量施します（液体肥料でもよい）。化成肥料の種類によっては気温が高いと肥料分が溶け出すのが早くなり、肥料過多になってしまうおそれがあるので注意します。

春秋型種、冬型種 施しません。

● **病害虫の防除**

6月に準じます。この時期は気温の上昇ととも

アカダニの被害を受けて、茶色になった瑠璃晃（ユーフォルビア）。健全な株（21ページ参照）と比較すると、違いがよくわかる。

エケベリアの花や花茎についたアブラムシ。

夏型種のアロエ'クリスマス・キャロル'（*A.* 'Christmas Carol'）。

夏型種　生育期　水やり○　肥料○
春秋型種　休眠・生育停止期　水やり×（葉水○）　肥料×
冬型種　休眠・生育停止期　水やり×（必要に応じて葉水）　肥料×

8月の多肉植物

8月は年間の最高気温を記録する月で、日中はとても暑く、光量と湿度が高めです。

夏型種　高温性の種類は生育最盛期を迎えます。アデニウムやパキポディウムは強い日ざしをその葉で受け止めて、太い幹を充実させ、多くのアロエやアガベも暑さに負けず旺盛に生育します。ガステリアやクラッスラのうち、明るい半日陰を好む種類は、夜温が下がらない酷暑期に生育が若干緩慢になります。

春秋型種　休眠・生育停止状態です。室内で管

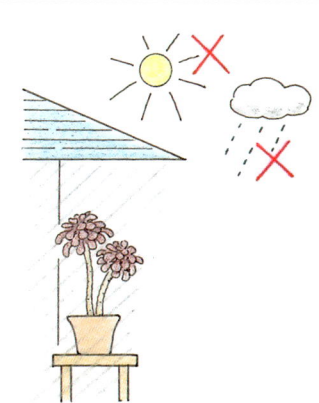

理しているハオルチアなどは、冷房が効いていれば生育を続けることもあります。終日、冷房が効いている場合を除いて、水やりを少なめにし、あまり生育させないほうがよいでしょう。

冬型種 7月に引き続き、休眠・生育停止しています。

● **主な作業**

夏型種 旺盛に育っている高温性の種類は植え替え、株分け、さし木、タネまきが行えます。高温多湿で雑菌が繁殖しやすい環境になるので、傷口を完全に乾燥させてから植えつけるように心がけましょう。乾燥させる日数の目安は、風通しのよい日陰で1週間程度です。日ざしがとても強いので、植え替え後は芽が動き始めるまで明るい半日陰で管理し、葉焼け、高温、蒸散による株のストレスを軽減します。

春秋型種、冬型種 作業は行いません。

● **置き場**

夏型種 7月に準じます。多くの種類は戸外の日なたで直射日光に当てて管理します。アロエやアガベなどの暑さを好む種類、アデニウムや

夏越し中の置き場（春秋型種、冬型種）

雨と強い日ざしが当たらない、乾燥した半日陰で管理する。アエオニウムなど、暑さを嫌う種類は特に注意。

パキポディウム、ヤトロファなどのコーデックスは、水はけのよい用土を使用していれば、雨ざらしでもかまいません。雨が降ったあとの晴れ間は湿度がかなり高くなるので、用土の水はけが悪い場合は雨に当てないようにしましょう。あまり強い光を必要としないガステリアやクラッスラなどは、室内の明るい半日陰で管理します。

春秋型種、冬型種 雨の当たらない、戸外の乾燥した半日陰で管理します。風通しのよい、建物の北側や遮光下に置くなど、なるべく涼しくなるように努めます。ハオルチアは室内の明るい半日陰で管理します。

● **水やり**

夏型種 用土の表面が乾いたら水をたっぷりと与えます。水やりは冷却効果のためにも夕方か

ら夜間にかけて行い、周辺へも打ち水をすると効果的です。過酷な日本の夏には、できるだけ涼しい環境を整えて夏越しさせましょう。

春秋型種 行いません。断水しますが、月に1〜2回、半日で乾く程度の量の葉水を夕方から

夏越し中の葉水（春秋型種、冬型種）
［適期＝7月〜8月］

セネシオなど、乾燥に弱い種類には夕方から夜間に、半日で乾く程度の葉水をジョウロで与える。与えすぎに注意。

夜間に与えます。高温多湿を嫌うため、蒸し暑い夏を休眠・生育停止状態で過ごします。中途半端に水を与えると根腐れを起こしたり、株が傷んだりするほか、高温障害を起こすおそれがあります。休眠・生育停止状態を確実に維持するため、断水を徹底しましょう。

冬型種 春秋型と同じ理由で、水やりは行いません。チレコドンやオトンナ、冬型メセン類のコノフィツムやオフタルモフィルムなど、乾燥に強い種類は、日陰に置いてあれば1か月以上断水しても何ら問題はなく、夏越し中に株が傷むことも少なくなります。

乾燥に弱い種類は、葉水を与えたほうがよいでしょう。冬型クラッスラやセネシオ、アエオニウムやモナンテス、冬型メセン類のリトープスやギバエウム、チタノプシスなどは月に1〜2回、夕方から夜間に半日で乾く程度の葉水を

与えると、秋以降の生育がよくなります。

● **肥料**

夏型種 緩効性化成肥料を少量施します（液体肥料でもよい）。

春秋型種、冬型種 施しません。

● **病害虫の防除**

7月に準じます。球形のユーフォルビアやアガベなど、株が大きくなるのが比較的遅くじっくりとつくり込むような種類は、新芽がハダニなどの食害を受けるとその傷の部分が見えなくなるまでに長い年月がかかります。種類によっては観賞価値を大きく損なうので、暑いこの時期も定期的な観察と防除を怠らないように心がけましょう。

太らせて楽しむコーデックス

●不均衡が生み出す魅力

茎や根が株全体に対して不均衡なほど肥大しているな多肉植物を、コーデックスと呼びます。塊根植物とも呼ばれ、世界中に愛好家がいます。独特の姿が魅力ですが、日本では、熱心な愛好家に好まれるタイプと、一般園芸家にも好まれるタイプに分かれます。

熱心な愛好家に好まれるタイプは、サボテンや盆栽に通じる要素を備え、サボテン愛好家が古くから栽培しています。パキポディウム、チレコドンなど、枝や茎全体が肥大する種類が多いのが特徴です。

一般園芸家にも好まれるタイプの多くは、花が咲くもの、つる性のものなど、草花と共通する柔らかさ、みずみずしさを備えています。亀甲竜（ディオスコレア）、火星人（フォッケア）など、基部が半球形に肥大する種類が多いのが特徴です。

●時間をかけて大きく育てる

コーデックスの多くはさし木が可能ですが、実生の小苗から育てたほうが見ごたえのある樹形になります。何年もかけて少しずつ大きく育つ姿を見ていると、とても愛着がわいてきます。成長を気長に見守っていくのも楽しいものです。

発芽後3年目の亀甲竜（上写真）と、発芽後10年以上経過した亀甲竜（下写真）。

9月

夏型種　生育期／生育緩慢　水やり○〜△　肥料○（下旬以降×）
春秋型種　休眠・生育停止期／生育期　水やり×（下旬以降○）
肥料×（下旬以降○）
冬型種　休眠・生育停止期／生育緩慢　水やり×〜△　肥料×

峨眉山（ユーフォルビア *E.* 'Gabisan'）。夏型種は、残暑を過ぎると生育緩慢になる。

9月の多肉植物

　9月中旬までは夜温が下がらず、厳しい残暑が続きますが、9月中旬を過ぎると涼しい日がふえ、秋雨も降ります。日ざしがやわらぎ、多肉植物の生育に適した環境になります。

夏型種　残暑が続くうちは旺盛に生育を続けますが、9月中旬を過ぎて夜温が20℃を下回り始めると、生育が緩慢になります。パキポディウムやアデニウム、アデニアなどは新しい葉を出さず、アロエやアガベも生育が少しずつ緩慢になります。

春秋型種 残暑が続くうちは休眠・生育停止状態ですが、9月下旬以降は朝夕の低温によって新芽が動き始めます。

冬型種 残暑が続くうちは休眠・生育停止状態ですが、9月下旬以降は多くの種類が生育を始めます。冬型メセン類の早咲きの品種などには、このころから開花し始めるものもあります。種類によって休眠・生育停止から覚めるタイミングに差があるので、開花や新芽の動きの変化に気づくのが楽しみな季節です。

● **主な作業**

夏型種 生育を続けている株は植え替え、株分け、さし木、タネまきが行えますが、夜温が高い9月中旬までに行います。作業の時期が遅くなると、低温により根や新芽の動きが鈍くなって株が充実しないため、冬越しが難しくなってしまいます。

大蒼角殿の鱗片ざし

大蒼角殿（ボウィエア・ボルビリス）は鱗茎の球根植物で、鱗片で容易にふやすことができます。傷んで部分的に枯れた鱗片をむいて、植

七宝樹錦（セネシオ・アーティキュラツス'キャンドルライト'）（*Senecio articulatus* 'Candlelight'）。冬型種の多くは、9月下旬になると生育し始める。

えつけ用土にさしておけば不定芽が多数できて、小さな球根になります。

春秋型種、冬型種 残暑が厳しい間は、作業は行いません。9月下旬以降、生育し始めた株は、植え替え、株分け、さし木、葉ざし、タネまきなどの作業が行えます。また、水をやり始めて数日たっても水を吸わない株は、夏の間に根腐れを起こしたか、根に害虫が発生している可能性があります。傷んだ茎の部分や古い根を整理して、植え替えやさし木を行いましょう。

紅葉する春秋型種の植え替え

クラッスラやエケベリア、センペルビウムなど、紅葉色を楽しめる種類は、この時期に一回り大きな鉢に植え替えておくと、ちょうど鮮やかに色づくころに大きく育ち、目を楽しませてくれます。植え替え後しばらくは、用土が乾き

大蒼角殿の鱗片ざし [適期＝4月〜6月、9月〜10月]

❶ 外側の鱗片上部が傷んで枯れた大蒼角殿（写真の株は休眠中でつるが出ていない）。

❷ 上部が傷んだ鱗片を手でむいていく。

❸ 鱗片をむいた状態。きれいな鱗片が現れ、親株の見栄えもよくなる。

❹ むいた鱗片を植えつけ用土（129ページ参照）にさす。明るい半日陰で管理する。

にくいので過湿に気をつけます。色づく時期に肥料が効いていると発色がくすんでしまうので、9月中に肥料の効き目が切れるように注意します。

● 置き場

夏型種、春秋型種 残暑が続く間は8月に準じます。朝夕の気温が20℃を下回るようになったら、明るい半日陰で管理していた種類を日なたに移動させます。急に強い日ざしに当てると葉焼けを起こすので注意しましょう。夏の間、日なたで育てていた高温性の夏型種は、雨の当たらない場所に移動させて通風も少なくし、なるべく一日中暖かくなるように心がけます。ハオルチア、ガステリアは室内の明るい半日陰で管理します。

冬型種 日中は暑くなることがあるので、明るい半日陰で管理します。

● 水やり

夏型種 用土の表面が乾いたら水をたっぷりと

JBP-M.Tanaka

幻蝶かずら（アデニア・グラウカ）の正常な株（左）と、腐った株（右）。気温が低下する9月下旬に長雨に当てると、株が腐りやすくなる。

与えます。夜温が下がり始める9月下旬以降は、乾かし気味に管理して水やりの間隔を徐々に長くします。

春秋型種 生育し始めた株にのみ、用土の表面が乾いたら水をたっぷりと与えます。

冬型種 夜温が20℃以下になったら、少しずつ水を与えて生育を促します。夜温が下がる前に水をやりすぎると、株が蒸れて腐りやすくなるので、くれぐれも注意しましょう。

● **肥料**

夏型種、春秋型種 夏型種のすべてと、春秋型種の生育し始めた株には、緩効性化成肥料を少量施します（液体肥料でもよい）。植え替えを行った直後に肥料を施すと新しい根が伸びにくくなることがあるので、芽が動き始めてから施すようにしましょう。また、秋から冬に紅葉する種類は、この時期に肥料を施しすぎると、葉や茎の緑色が強すぎて鮮やかな紅葉色にならないことがあります。1か月程度で肥料分が切れるくらいの量を施しましょう。

冬型種 施しません。

● **病害虫の防除**

クラッスラやエケベリアは9月中旬以降の長雨に当てると、葉にカビによる黒い小さな斑点が現れることがあります。雨の当たらない、風通しのよい場所で管理することで防ぐことができます。

生育を始めた春秋型種の根に、サボテンネコイガラムシが発生することがあります。生育期に入るこの時期は植え替えや仕立て直しの適期でもあるので、1株ずつよく点検し、必要に応じて根を整理して植え替えましょう。

開花期を迎えた、冬型メセン類の赤耳小公子（コノフィツム）。

夏 型 種　生育緩慢　水やり△　肥料×
春秋型種　生育期　水やり○　肥料○
冬 型 種　生育緩慢　水やり△　肥料○

10月の多肉植物

晴れて乾燥した日が続き、日ざしも十分にあります。夜温が適度に下がるため、自生地の環境に近く、蒸れの心配もありません。

夏型種　アデニウムやパキポディウムなど、冬に落葉する種類は葉が緑色から黄色になっていきます。これは休眠・生育停止に向かうサインなので、ほかの夏型種も含めて徐々に水やりを減らします。コチレドンやアガベ、アロエなど落葉せずに休眠・生育停止する種類はそのままの姿で生育が緩慢になります。カランコエ

は、花芽が見え始める種類も出てきます。

春秋型種 旺盛に生育し、花が咲いたり、発色が鮮やかになったりする種類が多い時期です。セダムやエケベリアなどは夜の冷え込みを受けて紅葉色に染まり始めます。クラッスラ（紅稚児（べにちご）など）やミセバヤ、オオベンケイソウや子持ち蓮華などは花芽を上げ始めます。

冬型種 気温が下がり、生育適温になります。オトンナやチレコドンなど夏に落葉していた種類は新しい葉を出し始め、常緑のセネシオやアエオニウムも生育を再開します。冬型メセン類は水分を吸って脱皮や生育を始め、コノフィツムの多くは1年で最も鮮やかな開花シーズンを迎えます。

● **主な作業**

夏型種 作業は行いません。

春秋型種、冬型種 植え替え、株分け、切り戻し、さし木、葉ざし、タネまきが行えます。春秋型種の作業は寒くなる前に行います。冬型種のうち、水やり後数日たっても水分を吸わない株は根腐れを起こしているおそれがあります。点検も兼ねて植え替えましょう。

冬型種のさし木
[適期＝9月中旬〜4月上旬]

アエオニウム'カシミア・バイオレット'（*Aeonium* cv.）のさし穂。3〜4日乾燥させて、新しい用土にさす。

冬型メセン類の古皮取り

コノフィツムやオフタルモフィルムなど、秋の生育期を迎える際に脱皮する種類は、古皮を取り除きます（106ページ参照）。この作業を怠ると水やり後に、古皮がついていた部分に茶色のしみができることがあり、冬の間を見苦しい姿で過ごすことになりかねません。花がらも同様の理由で、取り除きます。

メセン類のタネとり

メセン類の熟した果実は、固く閉じてタネを中に入れたまま乾燥します。自生地では乾季が過ぎ、雨季に入ると、果実が水を吸ってすき間があくように開き、タネがこぼれ落ちます。栽培下では水やりの際にタネが流失してしまうので、果実を採取して水につけてタネを取り出します（107ページ参照）。

●置き場

夏型種、春秋型種、冬型種 日ざしに徐々に慣らしていけば、葉焼けの心配はありません。すべての生育型で、10月中旬ごろまでには遮光をやめ、日なたに移動させ、なるべく長く日に当てるようにします。特に紅葉色を楽しむ種類は日によく当てるようにすると気温が下がるにつれて色鮮やかになります。ハオルチアやガステリアは、室内の明るい半日陰で管理します。

冬型メセン類にできたしみ。花がらを取り除いておかないと、しみができて汚くなるので注意。

●水やり

夏型種 徐々に乾かし気味にしていきます。カランコエやユーフォルビアなど高い温度を好む種類は、最低気温が15℃以下になるころからやや乾かし気味に管理し、根腐れを防ぎます。落葉性の種類も葉が黄色くなり始めるころから少しずつ水やりを減らします。常緑性の種類も最低気温が12～13℃を下回るようになったら、少しずつ水やりを減らします。

春秋型種、冬型種 春秋型種は旺盛に育ち、冬型種は生育を開始するので、それぞれの株の状態を見ながら水を与えます。紅葉する種類は水やりを少なくすると紅葉色が強まり、締まった株に育ちます。逆に水やりを頻繁に行うと紅葉色は薄くなりますが、みずみずしく立派な株が育ちます。好みによって、水の与え方を決めましょう。冬型メセン類は花弁に水がかからないように管理すると花を長く楽しめます。

●肥料

夏型種 施しません。

春秋型種、冬型種 生育を続ける春秋型種、休眠・生育停止状態から目覚めた冬型種には緩効性化成肥料を少量施します（液体肥料でもよい）。ただし、低温期に紅葉色を楽しむ種類はチッ素分が多いと発色がくすみ、鮮やかな色が楽しめません。

●病害虫の防除

クラッスラなどの花芽や、オトンナやアエオニウムなどの新芽に、カイガラムシやアブラムシがつくことがあります。見つけしだい柔らかい歯ブラシや水流で対処するか、浸透移行性の殺虫剤で防除します。

コノフィツムの古皮取り ［適期＝10月～12月］

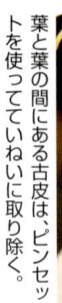

❶ 茶色く枯れた古皮が目立つコノフィツム。開花中でも作業は可能。

❷ 鉢から抜いて用土を落として、古皮をていねいにむいていく。

❸ 古皮は指でつまめば容易に外れるが、葉や茎を傷つけないように注意。

❹ 葉と葉の間にある古皮は、ピンセットを使ってていねいに取り除く。

❺ 古葉を取り除いた状態。この株には根があまりついていなかったが、通常はついている。

❻ 新しい用土で植えつけて作業完了。水は3～4日後に与える。

メセン類のタネのとり方 ［適期＝通年］

❶ 魔玉（ラピダリア・マルガレタエ *Lapidaria margaretae*）の果実。成熟すると、果実に割れ目が入る。

❷ 開いていない果実をとって水につけると、すぐに果実が開き始める。

❸ 果実がほぼ開ききった状態。数分でこのような状態になる。

放置したまま水やりの際に水をかけると、果実が開いてタネが流失する。

❹ 指先で果実をもむようにして、タネを水中に落とす。

❺ 水中に落ちたタネを、コーヒーフィルターなどでこし、そのまま乾燥保存する。

10月

庭植えで楽しむ多肉植物

●庭で異彩を放つのは？

センペルビウムや落葉性セダムは庭植えにできるけれど、小さすぎて物足りないと思っていませんか？　存在感のある大きさで、関東地方以西でガーデンプランツとして周年、栽培できる種類はほかにもあります。おすすめは庭植えにすると異彩を放つ、リュウゼツラン科（元リュウゼツラン科を含む）の多肉植物です。

特にアガベは1970年代までは造園材料として多数出回っていたため、今でも古い民家の庭先で見かけます。独特の存在感を見直してみてはいかがでしょう。

おすすめの大型アガベ　リュウゼツラン（*Agave americana* 'Marginata' 高さ3m、黄覆輪）、華厳（*A. americana* 'Mediopicta' 高さ1.5m、白中斑）など。

おすすめの元リュウゼツラン科多肉植物　ユッカ・ロストラータ（*Yucca rostrata* 高さ4m）、ダシリリオン・ロンギシマム（*Dasylirion longissimum* 高さ4m）など（ともに現在はキジカクシ科）。

青みがかった葉に黄覆輪が入る、リュウゼツラン。

雪をかぶったユッカ・ロストラータ。

11月

夏 型 種　休眠・生育停止期　水やり×　肥料×
春秋型種　生育緩慢　水やり○〜×(葉水○)　肥料×
冬 型 種　生育期　水やり○　肥料○

赤く鮮やかに染まった、春秋型種の紅稚児（クラッスラ・プベッセンス・ラディカンス *C. pubescens* subsp. *radicans*）。

11月の多肉植物

気温が下がって冬の訪れが感じられ、地域によっては霜が降り始めます。晴れの日が多く、空気は乾燥します。

夏型種　寒さで休眠・生育停止に入ります。アデニウムやシッサス、ウンカリーナなど落葉性の種類は、黄色くなった葉を落とします。パキポディウムは日ざしを十分に受け、落葉する直前のこの時期に最も幹を太らせます。比較的寒さに強いアロエやアガベはそのままの姿で生育が止まります。

109

JBP-M.Tanaka

春秋型種 低温により生育は緩慢になりますが、クラッスラやセダム、エケベリアなど、紅葉する種類は夜間の冷え込みと日ざしによって鮮やかに発色し、美しい姿が楽しめます。

冬型種 1日の最低気温が15℃を下回り、活発に生育し始めます。冬型メセン類は生育しながら花を咲かせ、その後、株内で分球が始まります。セネシオやオトンナも新芽を伸ばし、成熟した株は花芽を伸ばして開花します。

落葉の時期が近づき、葉が美しく色づいた、夏型種のパキポディウム・ロスラーツム・グラシリウス（*P. rosulatum* var. *gracilius*）。

●主な作業

夏型種、春秋型種 作業は行いません。

冬型種 植え替え、株分け、切り戻し、さし木、タネまきができます。ほとんどの種類は15〜25℃ぐらいの温度帯で最もよく生育します。作業後に暖かい室内で管理すると、発根が早く進み、腐敗などの失敗が少なくなります。また、花の咲き終わった種類は花茎や花がらを取り除き、その後の生育が支障なく進むようにします。

冬型コノフィツムの仕立て直し

水を与え始めてから1〜2週間たっても株が水分を吸わず、しぼんだ状態のままであれば、夏の間に根腐れを起こしたか、茎（ふくらんだ葉の基部についている細い部分）が傷んでいると考えられます。そのような株は根の状態確認も兼ねて、植え替え、株分けを行いましょ

う。茎を縦に割いて株分けを行い、茎の内部がハオルチアは日当たりのよい場所に、弱い光を好む完全に枯れている場合は廃棄します。

● 置き場

夏型種 特に高温を好む種類は完全に断水し、早めに室内の明るい場所に取り込みます。低温障害に注意が必要です。しっかりと断水することで、耐寒性を高めることができます。

耐寒性のあるアガベ、セダム、オロスタキス、センペルビウム以外の種類は必ず霜よけを行ってください。ガステリアは室内の明るい半日陰で管理します。

春秋型種 低温を避けると緩慢な生育が続きますが、11月中旬ごろには休眠・生育停止に入ります。霜や低温による障害を避けるため、冬型種と同じタイミングで室内や軒下に移動させます。強い光を好むエケベリアやグラプトペタラ

ムなどは日当たりのよい場所に、弱い光を好むハオルチアは室内の明るい半日陰で管理します。

室内で育てる株とは別に、春や初秋にふやした春秋型種と冬型種の株をベランダや軒下など霜の降りない戸外で管理してみると、発色の違いや耐寒性の違いがわかっておもしろいものです。

冬型種 日なたで管理します。冬型といっても特に寒さに強い種類ばかりではないので、1日

旺盛に生育する、冬型種の玉盃（ぎょくはい）（ウンビリクス・ルペストリス *Umbilicus rupestris*）。

の最低気温が10℃を下回るようになったら、室内や軒下に移動させます。ただし、日中に窓を閉めきったままで、日当たりがよく高温になる場所では蒸れに注意が必要です。冬型種は長時間高温になる場所では生育が緩慢になり、葉が色あせてしまうことがあります。生育に適した温度帯をできるだけ長時間保てるよう、置き場を工夫しましょう。

● **水やり**

夏型種 行いません。断水します。

春秋型種 用土の表面が乾いたら、水をたっぷりと与えます。根のまわりを乾かし気味に保つと耐寒性が増し、低温による根腐れなどが起きにくくなります。エケベリアやクラッスラなど紅葉する種類は、乾かし気味に管理すると発色が鮮やかになります。用土が完全に乾いてから

3〜4日後に、1週間程度で乾く量の水を与えます。

冬型種 用土の表面が乾いたら、水をたっぷりと与えます。水やりは晴れた日の午前中に行い、天気が悪く気温の低い日は避けましょう。

● **肥料**

夏型種、春秋型種 施しません。

冬型種 旺盛に育つ時期なので、緩効性化成肥料を少量施します（液体肥料でもよい）。タネから育てた小苗は液体肥料を施したほうが順調に生育します。

● **病害虫の防除**

室内で管理している株に、カイガラムシやサボテンネカイガラムシが発生することがあります。防除方法は1月、9月に準じます。

112

12月

夏型種　休眠・生育停止期　水やり×　肥料×
春秋型種　休眠・生育停止期　水やり×（葉水○）　肥料×
冬型種　生育期　水やり○　肥料○

セダム'サンダークラウド'（*S.* 'Thundercloud'）の堅く締まった冬芽。

12月の多肉植物

1年のうち最も日が短く、日ざしも弱くなります。

夏型種、春秋型種　低温により休眠・生育停止中です。戸外ではセダムやセンペルビウム、多くのアガベが寒さに耐えて春を待ちます。室内では、エケベリアやクラッスラなどで紅葉する種類は色鮮やかに色づき、断崖の女王（シンニンギア）やドルステニア、パキポディウムなどは落葉してもどこかユーモラスな姿で目を楽しませてくれます。カランコエやアロエなどの

なかには、花芽を上げる種類もあります。

戸外で管理している株は、霜柱などで根が持ち上がって露出し、株が乾燥してしまうことがあります。定期的に観察し、露出した根があればすぐに覆土しましょう。

冬型種 生育期真っ盛りです。アエオニウムは新しい葉を伸ばしてロゼットが充実し、セネシオ（緑の鈴ほか）やオトンナ（紫月ほか）などもつるを旺盛に伸ばします。年間を通して生育の遅い、クラッスラ（稚児姿ほか）やセネシオ（銀月ほか）なども動きが活発になる時期です。冬型メセン類のコノフィツムなどは翌シーズンに脱皮するため、株の中で新球が発達し始めます。開花が終わって、目に見えないところで生育が進んでいます。

● **主な作業**

夏型種、春秋型種 冬越しのために室内に取り込む際に、枯れた下葉などを取り除き、株まわりの風通しをよくしておきます。

夏型種の高温性コーデックス（アデニウムやパキポディウムほかの落葉性の種類）は最低温度8℃程度を維持できない場合は、鉢から掘り上げて冬越しさせましょう。完全に落葉している株の用土を落とし、新聞紙などに包んで4月

落葉したコーデックス。左から、ユーフォルビア・プリムリフォリア（*E. primulifolia*）、ウンカリーナ・ルーゼリアーナ、クソニア・スピカータ（*Cussonia spicata*）。ドルステニア・フォエティダ（*D. foetida*）。

まで室内の5℃以上の場所に置いておきます。確実に断水・冬越しさせることができ、春にサクラが咲く少し前に植えつければ支障なく育ちます。

冬型種 植え替え、株分け、切り戻し、さし木、葉ざし、タネまきが行えます。日光が当たらないと室内でもなかなか温度が上がらないことがあるので、作業は晴れた日が続き、寒波がきていないときを選んで行いましょう。また、室内で管理している株は1回180度鉢を回すとよいでしょう。

● **置き場**

夏型種、春秋型種 耐寒性のない種類は冬型種同様、室内で管理します。ハオルチア、ガステリアは室内の明るい半日陰で管理します。耐寒性のある種類は戸外の日当たりと風通しのよい場所で冬越しさせます。雨よけの必要はありません。

冬型種 室内の日当たりのよい場所で管理します。南向き、または西向きの窓辺など、なるべく長時間日光が当たる場所が最適です。日照不足による徒長に注意しましょう。暖房器具の温風が直接当たらず、昼夜の温度変化があまり極端にならないことも重要です。閉めきった室内では暖かすぎる場合もあるので、晴れた日の昼間に換気ができれば理想的です。

ハオルチア・オブツーサの、徒長した株（左）と正常な株（右）。

● 水やり

夏型種、春秋型種 水やりは行いません。春秋型種には月に1〜2回、晴れた日の午前中に葉水を与えます。日当たりがよく10℃程度の温度がある場合にはゆっくりと生育を続ける種類もありますが、この時期に水を与えると寒さに弱くなります。夏型種のうち、ユーフォルビアやコーデックスなど特に寒さが心配な種類は生育していても完全に断水し、葉水も与えません。

冬型種 用土の表面が乾いたら水をたっぷりと与えます。一番寒い時間帯に植物や用土が水分を含むと、根腐れなどを起こしやすくなります。水やりはできるだけ晴れた日の午前中に行い、冷え込む夜間に土が湿りすぎないように気をつけましょう。冬型メセン類は水を与えすぎると身割れなどの生育障害を起こすことがあるので注意します。ダドレアやモナンテスの仲間は冬の生育期に水切れさせると、生育が滞ることがあります。同じ冬型種でもそれぞれの性質に合った水やりを行ってください。

● 肥料

夏型種、春秋型種 緩効性化成肥料を少量施します（液体肥料でもよい）。根が十分に伸びていない株に肥料を施すと発根が妨げられることがあるので、植え替え、株分け、さし木などを行った後には、芽が動いてから肥料を施しましょう。

冬型種 施しません。

● 病害虫の防除

乾燥している室内ではカイガラムシなどの害虫がつくことがあるので、見つけしだい、歯ブラシなどで除去します。

これであなたも
失敗しない

多肉植物を栽培するうえで知っておきたいポイントを、
わかりやすくまとめました。
お気に入りの株を最高の状態で楽しんでください。

ハオルチア・オブツーサ

入手前後の注意点

●生育型を確認してから育てよう

入手する際は、下葉が落ちている株、徒長している株、発色が冴えない株は避けるのが理想的です。とはいっても、多肉植物は種類が多く、欲しいもの、探しているものがいつでも入手できるとは限りません。根腐れを起こしているなど、極端に状態が悪い場合を除いて、あまり見かけない種類であれば姿が多少乱れていても入手したほうがよい場合もあります。

姿や色に一目惚れして選ぶことは少ないと思いますが、入手後でもかまわないので、生育型を必ず確認しましょう。

●管理しやすい用土で植え替える

市販されている多肉植物は、さまざまな種類の用土で植えられています。そのまま管理するのではなく、適期に古い用土を落として、自分の栽培環境、水やり頻度に合った管理しやすい用土（左ページ参照）で植え替えましょう。

作業適期以外はすぐには植え替えず、適期を待って植え替えます。ただし、根鉢をくずさない鉢増しであればいつでも行えます。根詰まり気味の株や水はけの悪い用土で植えられた株は、管理しやすい用土で鉢増ししておき、植え替え適期を待ちましょう。

用土を上手に使い分けよう

● 草花用の用土よりも排水性重視

多肉植物は時期によって乾燥させる管理が必要となるため、一般的な草花に比べると、排水性を重視した用土を使用します。自分でブレンドする多肉植物用配合土としては、以下の2種類をおすすめします。栽培環境や水やりの頻度などで、好みの用土を選んでください。

[水はけのよい、多肉植物用配合土] 赤玉土小粒2、鹿沼土小粒2、酸度調整済みピートモス（または腐葉土）2、川砂（桐生砂など）2、パーライト1、くん炭1の配合土などです。水はけがよいので過湿になりにくく、コーデックスや大きな株など、根腐れを起こしやすい種類に適し

ています。種類によっては水切れを起こしやすく、こまめな水やりが必要です。

[水もちのよい、多肉植物用配合土] 赤玉土小粒2、鹿沼土小粒2、酸度調整済みピートモス4、くん炭2の配合土などです。水もちがよいので水切れを起こしにくく、水やりを頻繁に行う必要がありません。休眠期に用土を過湿にすると根腐れを起こしやすいので、水のやりすぎに注意が必要です。6号鉢以上で使用する場合は、鉢底にゴロ土を入れて水はけをよくします。

鉢の材質は問いませんが、プラスチック鉢、化粧鉢を使用する場合は、過湿を避けるため、鉢底穴が大きめのものを選びましょう。

多肉植物の耐寒性

● 耐寒性を知って上手に冬越し

多肉植物は耐寒性によって、「高温性のタイプ」、「耐寒性のないタイプ」、「耐寒性が強いタイプ」の大きく3つに分けることができます。

高温性のタイプ 最低温度8℃以上が必要です。種類にもよりますが、乾かし気味に管理すれば、最低温度5℃程度まで耐えることができます。該当するのはどれも夏型種で、冬に休眠します。大株は腐敗を避けるため、早めに断水（目安は休眠の1か月前から）して株の中の水分を減らし、耐寒性を高めます。ドルステニア、アデニウム、パキポディウムなど。

耐寒性のないタイプ 最低温度5℃以上が必要で、凍結防止、霜よけが必要です。ほとんどの多肉植物が含まれます。

耐寒性が強いタイプ 種類によって耐寒性が異なりますが、関東地方以西の戸外で管理可能です。耐寒性が強く、凍結や降霜しても問題ありません。周年、雨ざらしにできる種類もあります。アガベ、センペルビビウム、一部のセダムなど。

耐寒性が強い、春秋型種の笹の雪（アガベ・ヴィクトリアエレギナエ *A. victoriae-reginae*）。

寒冷地での生育サイクル

●冴えた発色を楽しむなら寒冷地

多肉植物の自生地の多くは、昼夜の温度差が大きく、日中は暑くなるものの、夜間は気温が下がって肌寒いぐらいになります。寒冷地は夜温が下がり、夏の暑さや蒸れも激しくないため、じつは多肉植物の栽培に向いています。紅葉する種類は、関東地方以西の平地で栽培した株よりも冴えた美しい色になります。

●夏型種は短く、冬型種は長く生育

寒冷地では春の訪れが遅く、冬の訪れが早いため、生育サイクルが関東地方以西の平地とは異なります。具体的には、夏型種にとっては夏の生育が遅く始まり、早く終わるため、生育期間は短くなります。冬型種は秋からの生育が早く始まり、初夏まで続くため、生育期間が長くなります。春秋型種は晩春からの生育が遅く始まり、秋早くまでしか続きませんが、夏の間も休まずに生育するため、生育期間は関東地方以西の平地よりも長くなります。

春秋型種の魅惑の宵（エケベリア・アガボイデス'リップスティック' *E. agavoides* 'Lipstick'）。寒冷地では夏の間も休まずに生育する。

気をつけたい病気と害虫

[主な病気]

軟腐病　6月中旬から7月中旬の梅雨どきに発生します。葉、茎、花茎にできた傷口から細菌が侵入します。患部が腐って悪臭を放つのが特徴です。被害が小さなうちは、腐った部分を完全に取り除いて殺菌剤で消毒し、完全に乾燥させてから新しい用土で植え替えます。被害が株全体に広がっている場合は、用土ごと廃棄します。

[主な害虫]

カイガラムシ、コナカイガラムシ　通年発生します。葉、茎、花茎について汁を吸い、萎縮、変形させます。風通しが悪いと発生しやすくなります。歯ブラシなどでこすり取るか、浸透移行性の殺虫剤で防除します。

アブラムシ　3月から5月に多く発生しますが、それ以外の時期にも発生します。新芽、花について汁を吸い、萎縮、変形させます。排せつ物によって、葉や茎が汚れますが、多肉植物は用土が乾燥しているので、すす病を併発することはあまりありません。防除方法はカイガラムシと同じですが、農薬に対する耐性がつきにくいので、スプレー式の薬剤を繰り返し使用できます。

122

ハダニ　主に4月から10月に発生します。新芽について汁を吸い、萎縮、変色させ、被害を受けた部分がかさぶた状になります。肉眼では見つけにくいので、症状を見つけしだい殺ダニ剤で防除します。

アザミウマ　主に4月から10月に発生します。新芽、花について汁を吸い、萎縮、変色させ、被害を受けた部分がかさぶた状になります。症状はハダニによる被害に似ていますが、細長い虫が確認できます。殺虫剤で防除します。

サボテンネカイガラムシ　通年発生します。「ネジラミ」と呼ばれることもありますが、カイガラムシの仲間です。根について吸汁し、大発生すると生育が悪くなります。地中で発生するため、植え替え時に初めて発生に気づくことも珍しくありません。被害を受けた根を完全に切り取って植え替えるか、浸透移行性殺虫剤を用土に灌注して防除します。

キノコバエの幼虫　有機物が多く、湿った用土に発生しやすく、成虫が飛来して産卵します。湿り気を好むハオルチア、ジョビバルバ（Jovibarba 春秋型種）によく発生し、ふ化した幼虫が根や、用土に触れている葉を食害します。用土がしっかりと乾燥してから水やりを行うことで、発生を抑えることができます。食害痕から軟腐病が発生しやすいので、注意が必要です。

その他の害虫　春にイモムシ、春から秋にバッタ、ヨトウムシ、ナメクジの食害を受けるので、見つけしだい捕殺します。

主な多肉植物の管理のポイント

代表的な多肉植物10属と、特殊な管理を必要とするコーデックスについて、知っておきたい情報を個別にまとめました。

アエオニウム属（冬型種）

どの原種、園芸品種も似ていて、夏の高温と蒸れを避けるため、遮光（遮光率50％）と雨よけを施します。大きく育って株が充実すると、春に芽の先端から花茎を伸ばして花を咲かせます。花を咲かせた茎は、通常、先端の伸びが止まって側枝を伸ばします。しかし、株の消耗が激しいと側枝を出さずに枯死するおそれがあります。予備の株がなければ、開花させないほうが無難でしょう。

小人の祭り（*Aeonium sedifolium*）は細い枝がよく分岐する小型種で、小品盆栽のような雰囲気に仕立てることができます。日光が十分に当たった枝は堅く、中～大型種のように茎が伸びすぎることはありません。芽を残さずに切り戻すと、新たな側枝が出ないことが多いので、古くなった株はさし木で更新します。**明鏡**（*A. tabuliforme*）は日光が不足するとロゼットがきれいな平面になりません。また、茎立ちしないため、株が蒸れやすく、休眠期にロゼットに水がたまると、成長点付近が腐ります。**富士の白雪**（*A. goochiae variegatum*）や**艶日傘**（*A.* cv.）は斑が不安定で、株が大きくなると斑が抜けやすくなります。**黒法師**（*A.* 'Zwartkop'）は枝変わりを起こしやすいため、葉色が薄い個体や、さめやすい個体が出回るほか、タネでふやした個体が黒法師の名前で出回ることもあります。

エケベリア属（春秋型種）

種類によって耐寒性、耐暑性などの性質が異なりますが、多くの種が標高1500m以上の、斜面や岩場に自生するため、夜温の下がらない日本の夏を嫌います。特に**青い渚**（*Echeveria setosa* var. *minor*）や**E・シャビアナ'ピンク・フリルズ'**（*E. shaviana* 'Pink Frills'）などは、通風と遮光（遮光率50％程度）で涼しく夏越しさせます。例外は標高500m程度の低地に自生する**E・ラウイ**（*E. laui*）で、夏越しは比較的容易ですが、冬に水を与えすぎると灰色かび病などで腐ります。

E・デフラクテンス（*E. defractens*）や**E・ルブロマルギナータ**（*E. rubromarginata*）は花が咲くと株が消耗し、生育が回復するまでに半年から1年ほどかかってしまいます。花を観賞しない場合は、花芽を早めに切り落とします。

E・ギガンテア（*E. gigantea*）や**E・パリダ**（*E. pallida*）など、茎立ちする大型種は茎が長く育つので、1～2年に1回は仕立て直しを行います。株の勢いがなくなるため、切り戻しは多くても2回までとし、定期的にさし木で株を更新します。**E・ストリクティフロラ**（*E. strictiflora*）や**E・モラニー**（*E. moranii*）は株が古くなると葉の表面に原因不明の傷模様が発生するので、葉ざしなどで株を更新します。葉の基部をつけずに葉ざしを行うと、不定芽が出ません。

クラッスラ属（夏型種、春秋型種、冬型種）

　常緑種（3生育型ともあり）と落葉種（冬型種のみ）があり、同じ生育型でも性質が異なります。クラッスラの葉の表面には水孔と呼ばれる小さな斑点が多数あります。株が充実すると茎の先端が花芽になり、小さな花を咲かせます。側枝の伸びを促すため、花茎は早めに剪定します。
　冬型種の**玉椿**（*Crassula teres*）や**稚児姿**（*C. deceptor*）、**麗人**（*C. columnaris*）などは、一般普及種の3〜4倍生育が緩慢です。特に高温多湿を嫌うため、できるだけ涼しく夏越しさせます。**若緑**（*C. lycopodioides*）は、茎を株元からまとめて切り取り、1cmずつに切って土の上にばらまいておくと発根、発芽して、そのまま群生します。ほとんどの常緑種は、葉を途中で切っても葉ざしができますが、落葉種には**C・ウンベラ**（*C. umbella*）や**C・アルシコルニス**（*C. alcicornis*）のように、葉の基部をつけても葉ざしが難しいものもあります。

セダム属（春秋型種）

　種類によって性質が異なります。**セダム・パキクラドス**（*Sedum pachyclados*）や**S・プルリカウレ**（*S. pluricaule*）などの落葉種や、**S・アクレ**（*S. acre*）や**姫星美人**（*S. anglicum*）などのグラウンドカバー状に群生する常緑種は、関東地方以西では戸外で冬越しします。**'エレガンス'**（*S. acre* 'Elegans'）や**'イエロー・クイーン'**（*S. acre* 'Yellow Queen'）は新芽に黄色の曙斑が入り、生育が止まると斑色がさめてしまうため、切り戻しや株分けを定期的に行います。冬に株全体が淡い紫色に染まる**S・ヒスパニカム 'プルプレウム'**（*S. hispanicum* 'Purpureum'）は、日光と寒さに十分当てることで発色がより鮮やかになります。
　白雪ミセバヤ（*S. spathulifolium* 'Cape Blanco'）や**'パープル・ヘイズ'**（*S. dasyphyllum* 'Purple Haze'）、**'トリカラー'**（*S. spurium* 'Tricolor'）など、高山系の種類は、夏は通風と遮光（遮光率50％）を図り、断水して休眠させます。寒くなってからも生育を続けるため、植え替えやさし木は秋の涼風が吹き始めてから行います。太い茎に太い葉がつく常緑種は防寒が必要で、**S・トレレアセイ**（*S. treleasei*）や**S・アラントイデス**（*S. allantoides*）、**玉すだれ**（*S. morganianum*）や**新玉つづり**（*S. burrito*）などは室内で冬越しさせます。

セネシオ属、オトンナ属（冬型種）

　コーデックスとして扱われる種類を除けば、性質はほぼ同じです。夏は風通しのよい場所で遮光し、断水します。ともに秋から春にかけて、キク科とわかる花を咲かせます。生育期の冬は防寒に努め、なるべく暖かく管理するとよく育ちます。
　緑の鈴（*Senecio rowleyanus*）は、秋から春までに水と肥料を多めに与えると、つるが勢いよく伸びます。**鉄錫杖**（*S. stapeliiformis*）は生育が緩慢で、立派な群生株に育てるのには根気が必要です。**オトンナ・カペンシス**（*Othonna capensis*）はつる性でない系統と、つる性の系統（緑葉の**黄花新月**、紫葉の**紫月**など）があり、本来の休眠期の夏にもゆるやかに生育を続けるので、夏に断水しません。

センペルビウム属（春秋型種）

ヨーロッパでは古くから人気があり、この属だけを収集している趣味家もいます。容易に交雑するため、園芸品種が数千あるといわれ、毎年新しい園芸品種が発表されています。性質はどの原種、園芸品種も似ていて、夏の高温と蒸れを避けるため、遮光（遮光率50%）と雨よけを施します。

中型の**'ストリーカー'**（Sempervivum 'Streaker'）は珍しい斑入り品種ですが、掃け斑が不安定です。同じく斑入りで小型の**メッテニアナム錦**（S. × mettenianum variegatum = S. × fauconnettii variegatum）は自然交雑種由来とされていますが、性質が若干弱く、生育緩慢です。**'コンラン'**（S. 'Conran'）のように、子株が出にくい園芸品種もあります。

ハオルチア属（春秋型種）

分類の過渡期にあり、学名には諸説あります。園芸的には、葉が柔らかくて光が弱めの環境を好む軟葉系と、葉が比較的堅く若干強めの光を好む硬葉系に分けます。どちらも湿度の高い栽培環境を好み、観葉植物などを育てる感覚で管理するとよく育ちます。一般に軟葉系のほうが生育旺盛です。

ハオルチアは根が定期的に更新されるせいなのか、ほかの多肉植物に比べると植え替えを好みます。生育が止まってしまったら、新しい用土で植え替えましょう。葉がタマネギのように層になって重なる**H・ロックウッディー**（Haworthia lockwoodii）は、暑さに弱く、夏は強めの遮光と断水が必須です。**H・ピグマエア**（H. pygmaea）は葉の窓に短く白い毛が生えたような姿をしており、低温期に日光に当てるとうっすらと桃色に色づきます。日本で選別された、**白折鶴**（H. marginata cv.）はなめらかな緑の葉の縁に白いキールが映える優美な品種です。生育が遅いので、小苗は数年かけて成株に育てます。

冬型メセン類

主にアフリカ南西部を中心に分布するハマミズナ科（Aizoaceae）の植物約130属3000種のうち、冬に雨が降る地域に育ち、日本の栽培下では冬型種として育つ多肉植物を「冬型メセン類」と呼んでいます。園芸的には、高度多肉メセンとも呼ばれる「球型メセン」と、多肉度が比較的低い「葉ものメセン」に分けます。ほとんどの種がきれいな花を咲かせます。

いずれも冬に生育し、夏に休眠することを理解することが大切です。冬はなるべく5℃以上を保ち、長時間日に当てます。逆に夏は高温多湿を避けるため、遮光と通風を心がけ、断水して夏越しさせます。

コノフィツムは通常、1年で1芽が脱皮して2芽になるので2倍にふえます。リトープスの芽は十分に充実してから中で分頭するので、群生させるのがコノフィツムよりも年月がかかります。夏に葉水をこまめに与えると、休眠明けの生育がよくなります。**五十鈴玉**（Fenestraria rhopalophylla）は夏型メセン類の**光玉**（Frithia pulchra）と花が咲かないと区別がつきにくいほどよく似ています。

ユーフォルビア属（夏型種）

　たくさんの種類がありますが、性質はほぼ同じです。高温と強い光を好みます。
　ユーフォルビア・バリダ（*Euphorbia meloformis* subsp. *valida*）は雌雄異株で、通常、単幹で育つ「球型種」です。子株が吹きにくく、雌株と雄株が同時期に開花しないとタネがとれません。「塊根種」の**玉鱗宝**（*E. globosa*）は、枝が伸びやすいので、強い光に当てて乾かし気味に管理します。**金輪際**（*E. gorgonis*）は「タコ物」と呼ばれるグループの一つで、球形の株の上部からタコの足を思わせるように数多くの枝を伸ばし、両性花を咲かせます。日光が不足すると、だらしない草姿になります。**巒岳**（*E. abyssinica*）は「枝もの」で、柱サボテンを思わせる姿が特徴です。草丈が高くなりすぎた株は剪定し、分枝を促します。**E・ゲロルディー**（*E. geroldii*）はとげなしハナキリンとも呼ばれる「花もの」で、ハダニに注意が必要です。

コーデックス

　コーデックスは株全体の容積に対する表面積の割合が少なく、通常の多肉植物に比べて特に乾燥に強い性質があります。断水させても株の内部の水分が減るのに時間がかかるため、特に過湿に注意が必要です。
　アデニアやパキポディウムは、伸びた細い枝を短く切り戻すこともできますが、切らずに残したほうが基部の肥大が早くなります。**恵比須笑い**（*Pachypodium brevicaule*）は根が弱いため、**パキポディウム・ラメリー**（*P. lamerei*）や**白馬城**（*P. saundersii*）などにつぎ木をしてふやします。コーデックスは通常、タネから育てないと幹が太りませんが、青紫色のかわいらしい花を咲かせる**プレクトランサス・エルンスティー**（*Plectranthus ernstii*）はさし木から1年ほど栽培すると幹が太り始めます。ヒルガオに似たきれいな花を咲かせる**イポメア・ボルシアーナ**（*Ipomaea bolusiana*）は、生育期の乾燥に弱いので、夏の水切れに注意します。メキシコ原産のゴムの木の仲間、**フィカス・ペティオラリス**（*Ficus petiolaris*）は、白っぽい塊茎と、強い日光に当たると紅色に染まる葉脈とのコントラストが美しい種です。枝が長く伸びやすいので、盆栽風に剪定をし、樹形をくずさないまま多くの分枝を促すように管理します。**断崖の女王**（*Sinningia leucotricha*）は塊茎を完全に土中に埋めると早く大きく育ち、塊茎を観賞する場合には表土から塊茎の上部⅔程度が見えるように植えつけます。**ミルメコディア・チュベローサ**（*Myrmecodia tuberosa*）は熱帯性の蟻植物（太った幹の穴に蟻がすみ着く植物）で、本来は木の枝などに着生して育つため、水ゴケに植えて育てます。
　ペラルゴニウム・ミラビレ（*Pelargonium mirabile*）や**オトンナ・レトローサ**（*Othonna retrorsa*）は、生育が極端に遅く、根腐れを起こしていても手遅れになるまで気づかないことが多いので、ふだんから根がしっかりと張っているか、基部が柔らかくなっていないかを定期的に調べましょう。**白銀竜**（*Senecio fulgens*）はさし木をして1年以上すると茎はある程度太りますが、大きな株にするのであればやはりタネから育てたほうが形よく育ちます。

長田 研 （おさだ・けん）

1975年、静岡県生まれ。バージニア大学（アメリカ）で生物と化学を専攻。静岡県沼津市の、多肉植物やサボテンなどを中心としたナーセリー、カクタス長田にて、園芸植物の生産、輸出入に携わる。「古い記録が残されていないため、多肉植物の園芸名を調べるよい文献がありません。何を指すのかわからない園芸名も多く、興味をそそられます。」

AD
　湯浅レイ子（ar head office）

本文デザイン
　岡本恵美、相澤真也、大和田 愛
　（ar design office）

イラスト
　江口あけみ

写真撮影
　田中雅也、伊藤陽仁、首藤将夫、竹前 朗、
　徳江彰彦、蛭田有一、牧 稔人、丸山 滋

写真提供
　アルスフォト企画／前岡健一

校正
　安藤幹江

DTP協力
　濱井信作（Compose）

編集協力
　前岡健一

NHK 趣味の園芸
よくわかる栽培12か月

多肉植物

2012年 5月15日　第1刷発行
2020年 7月20日　第17刷発行

著　者　長田 研
　　　　© 2012 Ken Osada
発行者　森永公紀
発行所　NHK出版
　　　　〒150-8081　東京都渋谷区宇田川町41-1
　　　　TEL 0570-002-049（編集）
　　　　　　 0570-000-321（注文）
　　　　ホームページ http://www.nhk-book.co.jp
　　　　振替　00110-1-49701
印　刷　凸版印刷
製　本　凸版印刷

ISBN978-4-14-040262-7 C2361
Printed in Japan
落丁・乱丁本はお取り替えいたします。
定価はカバーに表示してあります。
本書の無断複写（コピー）は、著作権法上の例外を除き、
著作権侵害となります。